Isabella Farkasch

Mit der Kraft der Rauhnächte ins neue Jahr

Zurückblicken
Loslassen
Neustarten

GOLDEGG VERLAG

Rechte Covermotiv: justdd/shutterstock
Rechte Foto Autorin: grey-panther-media.com
Bildrechte Umschlag: Alexandra Schepelmann/donaugrafik.at

ISBN: 978-3-99060-127-3

Friedrichstraße 191 • D-10117 Berlin
Telefon: +49 800 505 43 76-0

Goldegg Verlag GmbH, Österreich
Mommsengasse 4/2 • A-1040 Wien
Telefon: +43 1 505 43 76-0

E-Mail: office@goldegg-verlag.com
www.goldegg-verlag.com

Layout, Satz und Herstellung: Goldegg Verlag GmbH, Wien
Printed in the EU

Inhalt

Es gibt einen Traum, der uns alle träumt …

… diese afrikanische Weisheit erinnert mich an *Matriuschka*-Puppen. Geteilte Schalen, in denen ebensolche kleinere wieder eingebettet sind. Ein Traum im Traum im Traum …

Einzeln zusammengesetzt können die Puppen nebeneinander gestellt werden. Immer dasselbe Erscheinungsbild, doch in jeder entsteht Freiraum. Für Träume, für Möglichkeiten.

Zwischen Märchen und Erklärungen zu den Rauhnächten finden Sie Gedankensplitter die anregen sollen zum Weiterdenken.

Dazwischen bleiben freie Stellen, Raum für Imagination. So wie die Pausen im Musikstück brauchen wir auch im Leben die Sequenzen, in denen *nichts* ist. Oder, wie die Weisheitslehre des Feng Sui mahnt: Schaffe Leere, damit Fülle Raum hat, in den sie sich ergießen kann.

Die *Rauhnächte* sind so eine Nicht-Zeit, außerhalb der Zeiten. Raum für Nicht-Tun, für Entfaltung des Ungeahnten, für Sein.

Uns West-Menschen fällt es meist schwer, nur zu sein, ohne zu tun. Denn es bedeutet, mit uns zu sein, uns wahrzunehmen und damit auch das Vergehen der Zeit. Der Psychologe *Marc Wittmann* untersuchte, welche Gehirnzentren aktiv sind, wenn wir Zeitdauer einschätzen sollen. Es ist die *Insula,* die Gehirnregion, mit deren Hilfe wir Körpersignale wahrnehmen. Wir müssen uns also spüren, um Zeit zu empfinden. *»Ich spüre sie eben genau dann, wenn ich sonst nichts tue. Wenn ich eben auf den Bus warte und spüre, wie ich da rumstehe. Dann bemerke ich mich selbst und die Zeit dehnt sich«,* sagt Wittmann. Das gelingt nicht mit dem Smartphone, weil dabei außer dem Sehsinn kein anderer mit im Spiel ist. Besser gelingt es mit einem Buch, in dem ich blättern kann, dessen Geruch ich wahrnehme, das ich fühle. Das ich aber auch zur Seite lege, wenn ich eine Stelle gelesen habe, die mich zum Weiterdenken anregt.

Die zwölf Nächte, die die Lücke zwischen Mond- und Sonnenrhythmus füllen, sind besonders geeignet, der Alltagsroutine ein Schnippchen zu schlagen. Denn auch das hat Wittmann herausgefunden: Was wir zum ersten Mal erleben, weckt unsere Aufmerksamkeit. Im Rückblick erscheinen uns diese Momente viel länger als die sich wiederholenden Abläufe, die wir automatisiert haben. Um Leben zu erleben können wir daher auch das Gewohnte neu, bewusst beobachten. Als wäre es das erste Mal. Und gewohnte Handgriffe einmal anders machen. Dafür reicht es schon, einfach die andere Hand zum Einsatz zu bringen. Oder zu Fuß zu gehen statt ein Verkehrsmittel zu nutzen. Oder eben ein Buch zu lesen statt übers Smartphone zu wischen.

Ich lade Sie ein: Feiern Sie diese besonderen Tage, diese besondere Zeit, in der laut Überlieferung die Grenzen zur Anderswelt durchlässig sind. Einmalige zwölf Gelegenheiten von 365. Feiern Sie sich selbst, geben Sie sich dem Leben hin, erleben Sie seinen pulsierenden Rhythmus, achten Sie auf den Moment, in dem Sie erblühen dürfen. Schenken Sie der Vernunft und dem Pflichtdenken eine Atempause. – Wann haben Sie das letzte Mal so richtig herzhaft gelacht?

Die keinen Spaß verstehen, verstehen auch keinen Ernst, meinte *Jean Paul*. Und *Christian Morgenstern*: *Ohne die Fähigkeit heiter zu sein, ist keine Freiheit denkbar.*

In diesem Sinne wünsche ich Ihnen viel Gelegenheit zu lachen, Zeit für sich selbst und fürs Zurückblicken, Loslassen und Neustarten. Eigentlich immer, aber ganz besonders in den titelgebenden zwölf magisch-mystischen Nächten. Auf den folgenden Seiten erzähle ich ein wenig über die mit den Rauhnächten verbundenen alten Bräuche. Mehr noch schreibe ich darüber, wie das alte Wissen im Hier und Heute sinnvoll weitergesponnen werden kann. Märchenbrücken geleiten Sie von einem Kapitel zum nächsten, um sinnlich erfahrbar zu machen, was mit analytischen Texten nur schwer erzählt werden kann.

Isabella Farkasch

Von Märchen, Rauhnächten und Drachen

Die Rauhnächte, diese wundersame Zeit des Jahres, sind ein besonders geeigneter Zeit-Raum, um Abstand zu nehmen von unserem üblichen Alltag, um uns bewusst einzulassen auf uns selbst und auf das, was uns nicht bewusst ist.

Was wäre besser geeignet, uns dem Alltag zu entrücken, als Märchen? In diesem Buch unterbrechen sie Gedankenläufe, ausgelöst durch weise Sprüche, die zum Weiterdenken anregen. Zwischen den Zeilen bleibt unendlicher Raum für Ihr ganz Eigenes.

Einzutauchen in die besondere Welt dessen, was wir als Welt der Wunder, der Zauberei, des nicht Realen, aber doch Erwünschten einordnen, dafür sind die *Zwölften,* die Zeit, in der die Grenze zur Anderswelt durchlässig ist, geeignet wie keine andere Zeit des Jahres. Erstaunlich viele Menschen sind bereit, sich einzulassen auf Gebräuche fernab der gewohnten Rationalität. Was das ganze Jahr über als Phantasterei abgetan wird, darf in den Tagen außerhalb der Zeit mögliche Wirklichkeit sein.

Darüber, wie Märchen wahr werden, schreibe ich ebenfalls in diesem Buch. Zunächst aber entstehen sie beim Schreiben, ihre Länge bleibt bis zum letzten Satz unbestimmt, ihr Inhalt ein Abenteuer. Deshalb wurde das letzte Märchen beinahe ein Buch im Buch. Jedesmal, als ich dachte, jetzt wäre es bald zu Ende, führte die Erzählung weiter und meine Finger tippten unaufhörlich in die Tastatur.

In diesem Märchen aus der Zeit der Drachen steckt jedoch so vieles, das mir am Herzen liegt und als Parabel hoffentlich tiefer wirkt als jedes Essay, deshalb musste es bleiben wie geboren. Vor allem aber ist es, wie auch die anderen, eine Geschichte, die Freude machen darf. Und ganz nebenbei bemerkt: Ich liebe Drachen seit meiner Kindheit, *Frau Mahlzahn* aus *Jim Knopf und die Wilde Dreizehn* von *Michael Ende* begeisterten mich bereits als Kindergartenkind, die schaurigen Geschichten über Kinder entführende Drachen, die mir die Tante erzählte, ebenfalls. Sie regten meine Phantasie nachhaltig an, bedroht fühlte ich mich nicht, denn obwohl ich zu den *schlimmen Mädchen* gehörte, kam ich nie auf die Idee, ich könnte deshalb von einem Drachen geholt werden. Noch heute ziert ein Drachenaschenbecher aus der Gründerzeit des 19. Jahrhunderts, wie er bei der Tante auf der Kredenz stand, mein Bücherregal, einen weiteren schuf ich selbst, aus Ton, der bewacht den Kaminsims. Schlussendlich bewies Michael Endes *Fuchur* aus der *Unendlichen Geschichte,* welch großartige Tiere die Drachen sind. Lassen Sie sich darauf ein! Möge der Funke überspringen!

Kapitel 1

Zurückblicken

Meine Märchen mögen es Ihnen leicht machen, zurückzublicken, loszulassen und neu zu starten. Wir sind gewohnt, in den Medien den Jahresrückblick als Kaleidoskop vorgelegt zu bekommen. Das Erstaunen, Entsetzen, sich Wundern über die unsäglichen und glücklicherweise auch erfreulichen Ereignisse in der Welt lenkt allerdings auch ab vom persönlichen Panoptikum. Doch dann sitzen wir mit anderen zusammen und erzählen die eigene Geschichte, reflektieren gemeinsam Erlebtes und hören erstaunt, wie völlig anders manches von anderen wahrgenommen wurde, welche Erinnerungen bei Kindern, Freunden, Verwandten bewahrt wurden und woran wiederum nur das ganz persönliche Ich zurückdenkt.

Fast jeder kennt Bräuche, die jedes Jahr wiederholt werden, mitunter lernen wir von anderen auch unbekannte kennen, und auch wenn wir an viele damit verbundenen Auslegungen nicht glauben, zumindest der spielerische Aspekt motiviert uns, sie alljährlich zu wiederholen. Und irgendwo im Herzinnersten wirkt auch der Wunsch oder auch der Zweifel mit, es könnte ja doch wahr sein und wirken.

All das schwingt bei den Ritualen der Rauhnächte mit – hier und dort, eingestreut zwischen die Erzählungen und Empfehlungen für den aktuellen Gebrauch, lesen sie auch Erklärungen zur Mythologie der Rauhnächte sowie mit diesen verknüpftem Brauchtum.

Übrigens, ist es Ihnen aufgefallen? Wir haben es jetzt wieder, das *h* in der Rau*h*nacht – vielleicht weil es in diesem Buch auch ums Zurückblicken geht? Denn vor der Rechtschreibreform war das h selbstverständlich, heute können wir es uns aussuchen. Und weil von Traditionen die Rede ist, darf es in diesem Buch wieder drinnen stehen, das h. Sowohl in der Numerologie als auch in der Kabbalistik steht es für den Zahlenwert 8. Er symbolisiert Harmonie, die kosmische Ordnung, Schönheit, Gerechtigkeit. Gleichzeitig für Macht in all ihren Facetten. Darüber und wie sie letztendlich förderlich eingesetzt sein kann, lesen Sie im letzten Kapitel, bei den Drachen.

In erster Linie bin ich Märchenschreiberin. So erzählt sich vieles besser, als sich mit allen Argumenten vermitteln lässt, denn sie erzeugen Emotionen. Womit sie Gehirnregionen erreichen, in denen unser Langzeitgedächtnis gespeichert ist, jene Gehirnteile, die wir mit anderen Säugetieren gemein haben. Oder, einfacher ausgedrückt: unser Herz. Denn limbisches System und Herz sind in einem eigenen Kreislauf verbunden, der ein bis zu drei Meter füllendes elektromagnetisches Feld um unseren Körper beständig aufbaut. Wenn wir einander näher kommen, verschmelzen diese Felder. Mit der Art, wie wir in Beziehung gehen, werden auch Machtverhältnisse deutlich. Oder Ebenbürtigkeit, auf Augenhöhe. Der bekannte Neurowissenschaftler *Gerald Hüther* drückt es so aus: *»Ein erster Schritt, den keine hierarchische Struktur unterbinden kann: »Lächeln Sie Ihre Mitmenschen doch einfach einmal wieder an. Sie werden erstaunt sein, was aus einem Lächeln wachsen kann.«* Diese Empfehlung möchte ich Ihnen gerne ans Herz legen, besonders für die Zeit der Rauhnächte. Wer es übt, nimmt es hoffentlich als Gewohnheit mit ins Neue Jahr, für den Neustart (Kapitel 3).

In das Wort *Rauhnacht* kehrt mit dem *h* die Macht, somit auch die der *Wilden Jagd* zurück. Diese Wesen der Anderswelt sind ein Teil der angesprochenen kosmischen Ordnung, der Mythos bildet aber auch die gesamte Bandbreite der Ausübung von Macht ab. Besonders in ihrer Unberechenbarkeit symbolisieren die Wesen aus dem Gefolge der Percht oder des Göttervaters Odin die auf der Erde herrschende Polarität. Hell und dunkel, schwer und leicht, wild und sanft, ungestüm und mitfühlend – die Gestalten der Rauhnächte sind für Gegensätzliches bekannt. Gleichzeitig folgen sie einer klaren Ordnung. Die teilweise sehr strengen Regeln der *Zwölften* habe ich in meinen bereits erschienenen Büchern zu den Raunächten (damals ohne *h*) ausführlich behandelt, in diesem Buch gehe ich daher im Wesentlichen darauf ein, wie wir diese speziell aufgeladene Zeit ganz persönlich nutzen können sowie auf die Bedeutung der Symbolik, um sie im Jetzt und Heute verständlich und impulsgebend werden zu lassen. Die hervorstechendsten Merkmale und Regeln der Rauhnächte und ihres Brauchtums habe ich kurz zusammengefasst in eigenen Kapiteln.

»Wir kennen das Leid und die Freude, wir zügeln den Hass und den Neid, wir toben und beben. Urgewalten sind unsre Gefährten, der Himmel ist unser Zelt, die Erde unsere Zuflucht«, schrieb ich im Märchen *Die Wilden Weiber* als Auftakt in meinem ersten Buch.

Das *h* der Rauhnacht steht an der 4. Stelle im Wort, an der Stelle der Tatkraft, der Aktivität sowie der Ratio und der Disziplin. An dieser Stelle der »kleinen Ordnung« bewegt sich die »große Ordnung« der 8, das heißt, dort, wo aufs Detail geschaut wird, kann sich großzügige Weitsicht entfalten. Ohne das *h* steht dort das *n*, es steht für Disziplin, Konsequenz, Durchhaltevermögen. Ohne *h* gehen der Schwung, die Großzügigkeit und natürliche Autorität verloren und weichen einer eher verbissenen Aktivität. Regeln werden befolgt, ohne den Mut, sie zu brechen.

Sie sehen, es fehlt eine Menge, wenn die rauen Nächte h-befreit erscheinen. Es fehlt das *Hallo* sowie der Laut, der das Lachen beschreibt.

Und das soll uns keinesfalls ausgehen, die Freude über die Auszeit, über das Loslassen und den Neubeginn wollen wir in den Mittelpunkt stellen. Mit dem Zurückblicken darf es beginnen, besonders mit der Freude über alles, woran wir uns erinnern wollen. Und mit dem Genießen!

»Genießen gehört zum Wesen des Menschen. Und Feierabend heißt, wir dürfen dankbar auf das Getane zurückschauen, sonst bleibt all unser Tun nur Stückwerk«, erklärte *Anselm Grün*, Benediktinermönch, Managertrainer und Autor von über 200 Büchern, in einem Interview.

Zurückblicken bedeutet also auch, die Märchen des Alltags zu entdecken.

**Der Mann,
der den Berg abtrug,
war derselbe, der anfing,
kleine Steine wegzutragen**

Konfuzius

Die Märchen des Alltags entdecken

»Wer nicht an Wunder glaubt, ist kein Realist«, sagte einst *David Ben-Gurion,* als 1948 der Staat Israel entstanden war. Nach 2000 Jahren Zerstreuung der Juden über die gesamte Welt sollte in scheinbar unbewohnbaren Gebieten neues Leben, sogar mit einer Sprache, die nur geschrieben überlebt hatte und nun als Umgangssprache etabliert werden sollte, sein Volk wieder Heimat finden. Dieses Wunder hat, wie die Entwicklung bis heute zeigt, viele Ecken und Kanten, dennoch: Würden wir einem Juden zu Beginn des 19. Jahrhunderts davon erzählen, erschiene es ihm wie ein Märchen.

Jeden Tag geschehen kleine Märchen. Für meine Verlegerin war es im Sommer zum Beispiel die wunderschöne Sonnenblume, die bei ihr im Garten aufgegangen war, an einer Stelle, an der noch nie eine gewachsen ist und wo sie niemand gepflanzt hatte.

Wer vor einem scheinbaren Scherbenhaufen steht, kann kurz darauf erfahren, dass sich eine märchenhafte Lösung auftut. Ein Freund erzählte mir von seiner Flucht aus der von dem Einmarsch der russischen Soldaten aus seinem Frühlingstraum hart geweckten Tschechoslowakei. In Polen war diese vermeintlich zu Ende, er war aufgegriffen worden und ins Gefängnis verbracht. Doch weil die Aufseher lieber eine Sportmeisterschaft im Fernsehen verfolgen wollten, war keiner von ihnen anwesend. Die Zellentür war unversperrt. Er, gelernter Schlosser, konnte mithilfe von zwei Birkenzweigen, die er aus einem herumstehenden Reisigbesen gezupft hatte, die weiteren

Schlösser öffnen und spazierte seelenruhig aus dem Gefängnis hinaus, in die Freiheit.

Dem Schicksal Spielraum zu lassen, unerwartete Lösungen anzubieten, ist das ganze Geheimnis. *Wir müssen das Leben loslassen, das wir geplant haben, um dasjenige anzunehmen, das auf uns wartet,* meinte der Mythenforscher *Joseph Campbell.*

Welches Ihnen wie ein Märchen erscheinende Erlebnis fällt Ihnen spontan ein? Kleiner Tipp eines Rezensenten: *Wenn wir wieder wissen, wie Feen sind, wer weiß, vielleicht begegnen sie uns ja doch in Form eines lieben Wesens, das wir sonst übersehen hätten.*

Jedenfalls trägt es bestimmt zum Glücklichsein bei, wenn Sie sich zunächst an die kleinen (oder auch großen) Wunder des Jahres erinnern, auf die Sie beim Lesen dieses Buches zurückblicken wollen.

Rauhnächte – die geheimnisvolle Zeit zwischen den Zeiten

Wieso sind es just zwölf?

Die Differenz von 354 Tagen eines Mondzyklusjahres zu 365 des Sonnenzyklus ergibt 12 Nächte (Tage sind es 11). Diese gelten als »außerhalb der Zeit« – somit ideal geeignet als Periode, in der die Anderswelt sich mit unserer vermengt, weil die Gesetze der Zeit aufgehoben scheinen.

Wieso in der Zeit zwischen Weihnachten und Heilig Drei König?

Die Wintersonnenwende, am 21. Dezember, bringt das Licht zurück. Die germanischen Völker feierten die Rückkehr des Sonnenwagens ebenso wie die Römer die unbesiegte Sonne, mit *sol invictus,* einem Fest, das sie von den Anhängern des Mithraskultes übernommen hatten. Überall wurde dieser Tag, der die Hoffnung auf neues Leben zurückbringt, entsprechend gewürdigt, mit Essgelagen ebenso wie mit speziell angelegten Bauwerken, durch die nur am Tag der Sonnenwende der Lichteinfall ganz speziell war wodurch besondere Effekte erzielt wurden.

Die Nacht vom 24. auf den 25. Dezember wird seit der Einführung des Feierns von Christi Geburt im 4. Jahrhundert ebenfalls als Symbol für die Rückkehr des Lichtes in die Welt gefeiert. Den Hirten erschienen Engel und erhellten die Nacht, der Neugeborene selbst wird meist als leuchtendes Wesen dargestellt. Der biblische Bericht über die drei Weisen aus dem Morgenland erzählt von einem strahlenden Stern, der ihnen die Nacht und den Weg erhellte.

Demgemäß ist das Licht in der Dunkelheit Signal sowohl für den Beginn wie das Ende der Rauhnächte, wobei sich heidnische mit christlicher Symbolik ein Stelldichein geben. Das Brauchtum stammt zum Teil aus vorchristlicher Zeit, wurde aber in die Rituale der christlichen Feiertage integriert.

In den Alpenregionen, in denen das Brauchtum der Rauhnächte gepflegt und vor allem erhalten blieb, wo die starken Unterschiede der Dauer von Tag und Nacht die Jahreszeiten bestimmen, folgen die Rituale dem natürlichen Wechsel von Ernte zu Verarbeitungs- und danach Ruhephase. Nach der Schur, danach dem Schlachten (nur die zur Fortpflanzung nötigen Tiere wurden über den Winter gefüttert) wurde gesponnen und gegessen. Martinigans und Weihnachtsbraten gab es, weil es getötete Tiere, somit Fleisch gab. Die Wolle der Schur wurde ab St. Kathrein (25. November) versponnen, in dieser Zeit war Tanzen verboten, erst nach der Sonnenwende und dem Stillstehen der Spinnräder durfte geruht und gefeiert werden.

Dass in dieser Zeit der Erholung, in der auch die Natur neue Kräfte sammelt und unter der Erde, eingeleitet durch das Längerwerden der Tage, bereits reges Leben vorbereitet wird, der Jahreswechsel gefeiert wird, ist allerdings ein noch recht junger Brauch. Zwar führte Julius Cäsar den 1. Januar als Jahresbeginn ein, in der Folge wurde der allerdings zu unterschiedlichen Terminen festgesetzt. Zunächst brachte die Kalenderreform Papst Gregors XIII. einiges an Kalenderchaos, da besonders die noch junge Glaubensgemeinschaft der Protestanten der katholischen Reform mit Argwohn begegnete. Papst Innozenz XII. schließlich legte 1691 den Jahresbeginn erneut mit 1. Januar fest, was sich, wie wir wissen, mehr oder weniger auf der ganzen Welt durchsetzen konnte. Allerdings einigten sich Katholiken und Protestanten erst ein Jahr vor der Jahrhundertwende 1700 auf die gregorianische Kalenderreform. Der Jahresbeginn wurde in etlichen Schweizer Kantonen erst viel später mit 1. Jänner akzeptiert. Und tatsächlich wurden sich die christlichen Religionen untereinander bis heute nicht ganz einig, weshalb das orthodoxe Weihnachten gemäß dem julianischen Kalender etwas später, nämlich am 6. Jänner, zelebriert wird. Doch weltlich gesehen hat man sich auf der ganzen Erde auf den 1. Jänner als Jahreswechsel verständigt, auch wenn in vielen Kulturen ein weiteres Neujahr gefeiert wird.

Fixpunkt ist daher lediglich die Wintersonnenwende, sie findet unabhängig von jeglicher zivilisatorisch festgelegten Zeitrechnung statt, fällt allerdings mitunter auch auf den 22. Dezember. Dass die Grenzen zur Anderswelt danach für 12 Nächte und 11 Tage geöffnet bleiben, daran kann man glauben oder auch nicht. Diese Zeit aber für Besinnung, Rückblick und Neustart zu nützen, ist jedenfalls passend. Und Märchen, die in uns die Zuversicht nähren, dass Wunder und Zauber gerechte Lösungen herbeiführen, sind geeignete Begleitung. Außerdem wecken sie in uns Erinnerungen an eine (hoffentlich) unbeschwerte Kindheit, verbinden uns mit der Welt der Ahn*innen und wecken in denjenigen, die sie als Kinder gehört haben, ein Gefühl der (kulturellen) Zugehörigkeit.

Eine Rezensentin schrieb zur Kraft der Märchen: *Die Märchen in dem zauberhaften Buch machen Mut, wecken die in uns wohnende Courage, ermutigen uns, uns treu zu bleiben und auch über unsere eigenen Normen und Grenzen hinwegzuschreiten und die uns möglichen und durchaus erreichbaren Chancen zu ergreifen.*

Schau der
Furcht in die Augen,
und sie wird zwinkern.

Russisches Sprichwort

Die gestohlene Sonne

Einst war eine Nacht, die nicht enden wollte, denn der Tag war nicht erwacht. Hatte die Sonne etwa vergessen, ihn zu wecken? Üblicherweise war ihr Kitzeln für ihn das Signal, sich auf den Weg von Osten nach Westen zu machen, doch heute hatte sie es einfach unterlassen. Vom jahrtausendelangen Wandern war er wiederum entsprechend erschöpft, so erwachte er auch nicht aus eigener Kraft.

Die Eule war die erste, die es bemerkte. Denn sie hatte ihre Nachtarbeit abgeschlossen, einen üppigen Jagderfolg eingeflogen, wohlgesättigt setzte sie sich wie gewohnt in ihr Baumloch und wartete auf die ersten Tagesstunden, ihr Zeichen, auszuruhen, um für die kommende Nacht Kräfte zu sammeln. Sie wartete auf den Tag, der gewöhnlich bei ihr vorbeisah, ihr ein »guten Schlummer« zurief und weitereilte, die ersten Vögel zu wecken, denn erst wenn der Raubvogel schlief, konnten sie gefahrlos ihren Morgengesang anstimmen. Der Eule fielen die Augenlider zu, doch der Tag ließ sich nicht blicken, um sie herum blieb es dunkel und still. Nicht einmal das Flattern einer Fledermaus war zu hören, denn die Nachtsegler waren bereits wieder an Höhlendecken und unter Kirchendächer zurückgekehrt. Sie hingen in den dunklen Räumen und kümmerten sich nicht um den Tag, seine übliche Helligkeit drang nicht in ihre Schlafstuben.

Immer noch wartete die Eule erwartungsvoll, schloss abwechselnd das eine und dann das andere Auge, sie wollte den Tagesanbruch nicht verpassen. Doch schließlich ereulte sie doch die Müdigkeit und sie machte die Nacht zum Tag.

Inzwischen folgten etliche Rehe den Spuren des Tagweges, ihre innere Uhr hatte sie daran erinnert, dass sie im Schutze der heranbrechenden Dämmerung ungestört am Waldesrand äsen konnten. Doch auch sie warteten vergeblich auf den sonst so munteren Gesellen, der ein Liedchen pfeifend den frühen Sonnenstrahlen nachlief. Es blieb finster und still. Denn die Vögel wagten sich nicht von ihren Ästen und aus ihren Nestern, in der Dunkelheit fürchteten sie, sich zu verirren.

So standen die Rehe ratlos in der Dunkelheit und wussten nicht weiter. Deshalb bemerkten sie auch nicht die sich nähernden Schritte. Sie waren leicht, kaum schienen diese Füße den Boden zu berühren. Und eilig waren sie, hetzend. Ein Geräusch, als wollte das Laub den Boden reinigen. Weil sich die zarten Waldtiere nicht von der Stelle bewegten, wurden sie nun überrascht von einem Wirbelwind, der eben noch wie Schritte geklungen hatte. Er hatte ein Rasen entwickelt, das orkanartig über die Wiese strich, die zwischen Wald und in der Ferne schlafendem Dorf sich ausdehnte. Das Wischgeräusch hatte sich zu tobendem Brüllen gewandelt, wirbelte sich himmelwärts, wurde dünner und länger, dann wieder breit und dick, gleich darauf schlangenhaft gewunden, doch waren diese Formen kaum auszumachen gegen den unverändert finsteren Himmel. Nur wer den Orkan nicht aus den Augen ließ konnte in Bruchteilen von Sekunden ein Aufblitzen wahrnehmen, das ab und an aus dem Inneren des Getöses durch die Wirbelschwaden hindurchdrang.

Währenddessen schlief der Tag ungestört den längsten Schlaf seines Daseins. Er träumte von Schmetterlingen und Bienen und einer leuchtenden Sommerwiese. Jeder Blüte rief er seinen Guten Morgen zu und freute sich des Summens und Brummens und Schwirrens, kurzum, über die tausendfache Lebendigkeit auf seinem Weg. Er hörte die

Vögel singen und aus der Ferne klangen Kuhglocken an sein Ohr. So erträumte er sich seinen gewohnten Gang, während er immer noch dalag, statt, wie es sich gehörte, gen Westen zu eilen. Zudem irrte er sich in der Jahreszeit gewaltig, denn die Sommerblumen warteten noch, als reiner Gedanke der Form, eingepackt in ihren Samenkörnern, in Mutter Erde warm und behütet, auf warme Tage und laue Nächte.

Die Nacht wiederum blieb standhaft, wartend auf die Ablöse, der Mond hing bereits schwer an ihr, so lange hatte sie ihn noch nie tragen müssen. Zwar war er heute nur schmal und daher weniger gewichtig, aber nach Stunden des Ausharrens hatte er sich doch als recht anstrengendes Anhängsel erwiesen. Und all die Sterne, auch sie beschwerten den weiten Umhang der Nacht, drückten ihre Schultern immer tiefer hinab und mit Stunde um Stunde dehnte sich eine unerklärliche unbestimmte Trauer in ihr aus. Schließlich schossen ihr die Tränen aus allen Augen und all der Himmelsschmerz ergoss sich als sanfter Regen über Wald und Flur. Davon erwachte endlich auch der Tag, durchnässt rieb er sich die verklebten Augen, blickte um sich in der Finsternis und schickte sich an, seinen Ärger über die nächtliche Ruhestörung kundzutun. Da unterbrach ihn ein Igel, der sich vergeblich bemüht hatte, ihn wachzustechen. »Nichts da, Gevatter Tag, du hast ordentlich verschlafen! Die Sonne ist ausgeblieben, mach schnell, du musst sie suchen gehen. Sonst kommt hier alles durcheinander, die ganze Welt droht, aus den Fugen zu geraten!« Der Tag war verwirrt, eben hatte er noch blühende Wiesen durchschritten, nun war er umgeben von unbekannter Finsternis, die Feuchtigkeit in seinen Gewändern ließ ihn vor Kälte zittern, und ein Igel erklärte ihm, dass er seine wärmende Gefährtin suchen müsse! Ei der Daus, er hatte ja keine Ahnung, wo diese sein könnte, sie erwachte immer als erste, nie hatte er sich darüber Gedanken gemacht, wo sie verweilte während er schlief.

Er war gewohnt, in ihrem Licht seinen täglichen Lauf zu beginnen und, sobald der Westen erreicht war, sich zur Ruhe zu begeben. Dass er dann im Osten erwachte, gehörte für ihn ebenso zur gewohnten Regel, auch darüber hatte er sich nie gewundert. Und seine Gegenspielerin, die Nacht, erblickte er immer nur in der Ferne entschwindend. Nun aber umgab sie ihn in all ihrer Tiefe und er beschloss, sie zunächst einmal ausgiebig zu bestaunen.

Der Igel wiederum wartete geduldig, doch nach einer Weile erneuerte er seine Mahnung: »Hallo Tag, auch wenn die Helligkeit fehlt, du musst zu dir kommen und dich aufmachen, die Sonne ist womöglich in Nöten und hofft darauf, zurückgeholt zu werden. Ich bin schon viel zu lange unterwegs, es ist Zeit, dass auch ich mich zur Ruhe begebe in meiner Höhle, also eile, damit es hell werde und die Tiere des Tages uns Nachtaktive ablösen!«

Der Tag schüttelte den Kopf, wühlte kratzend in seiner Haarpracht, er schien erst jetzt langsam aus seiner Traumwelt zurückzukehren. Das also war die Nacht, so sah es aus in der Welt während er schlief. Das Licht war seine Welt, doch war er nicht unbedingt der Hellste im Denken. Wie erwähnt grübelte er nicht über sein Tun, es war ihm nur daran gelegen, dass es wie gewohnt ablief. Über seine Betrachtungen hatte er die Kälte vergessen, nun wurde sie ihm schlagartig unangenehm bewusst. Das war der Impuls, den er gebraucht hatte. Wollte er sich wieder warm fühlen, musste die Sonne her! Aber wo konnte sie geblieben sein?

Hinter einem nahen Busch lugte ein Fuchs hervor. »Hey du, Bruder Tag, ich weiß was«, flüsterte er aus sicherer Entfernung. Sie kannten einander, wenngleich sie stets in sicherem Respektabstand blieben. Nun aber war der Tag sehr froh über des Fuchses Hinweis, denn er war ja nicht der Klügste, und noch wusste er nicht, wo er mit der Suche beginnen sollte. Da kam ihm das Wissen des von allen als besonders schlau bezeichneten Fuchses sehr recht. »Da die Nacht andauert, kannst du diese einmalige Gelegenheit nützen, um sie kennenzulernen. Sie ist es, die allabendlich die Sonne verschwinden lässt, vielleicht kann sie dir verraten, wo sie sich allnächtlich versteckt?«

»Keine schlechte Idee«, dachte der Tag, »das hätte mir auch einfallen können.« »Danke Gevatter Fuchs, ich mache mich gleich auf den Weg.« Sprach's und rannte drauflos. Aber wo war sie, die unbekannte Gefährtin? Ringsumher war es dunkel, nie war er ihr so richtig begegnet, er wusste nichts von ihrer Gestalt noch ihrem Aufenthalt. Denn sobald es dämmerte, fielen seine Augen zu, die Nacht hatte er nie so richtig gesehen.

»Hallo Nacht, ich brauche deine Hilfe. Du bist sicher auch schon müde und möchtest abgelöst werden, vielleicht gelingt es uns gemeinsam, die Sonne zu finden!« rief er in die Dunkelheit hinein.

Zunächst vernahm er nur ein rollendes Geräusch, wie große Walzen, die sich näherten. Doch schließlich formten sich aus diesen dumpfen Tönen einigermaßen verständliche Klänge. »Oh ja, ich bin müde, sehr müde. Mond und Sterne hängen schwer an mir, mein Mantel drückt mich und lässt mich das ganze Leid der Welt spüren und auf sie herab regnen. Die Sonne habe ich wie jeden Abend verabschiedet, damit auch sie zur Ruhe kommt und ihre Kräfte sammelt für einen neuen Tag. Erst wenn sie dich weckt ist es Zeit für mich, meinen Mantel abzulegen, damit der Himmel wieder strahlen kann und du deinen Weg vor dir siehst. Doch heute wartete ich vergeblich auf ihre Wiederkehr. Bevor der Schmerz so groß wurde, dass ich ihn nicht mehr zurückhalten konnte, fegte ein Wirbelwind unter mir hinweg. Daraus blitzte ab und an ein helles Licht, vielleicht ist die Sonne darin gefangen?« Die Nacht hatte mit letzter Kraft ihre Antwort gemurmelt, nun aber brach sie zusammen und mit ihr drohten Sterne und Mond abzustürzen, ihr Schicksal hing am sprichwörtlichen Faden.

Der Tag erschauerte, und diesmal nicht ob der Kälte, obwohl auch diese ihm arg zu schaffen machte. Die Nacht machte schlapp, ein Orkan hatte die Sonne umgarnt und es hing nun an ihm, die Welt zu retten!

Auch Fuchs und Igel hatten die Windhose beobachtet und konnten ihm die Richtung weisen. Erstmals hieß es für ihn, sich rückwärts, also von West nach Ost, zu bewegen. Seine ersten Schritte waren schwerfällig, als drängen sie durch eine unsichtbare, gleichzeitig äußerst zähe Masse. Doch einmal in Bewegung ging es von Schritt zu Schritt leichter und schließlich hatte er den gewohnten Laufschritt wiedergewonnen. Zunächst ging es zurück in den Wald. In der Finsternis stieß er sich an etlichen Baumriesen, die ächzten wie rheumatische Knochen. Schließlich aber erreichte er eine Lichtung, in der hatte sich der Wirbelwind gefangen, hin und her sich windend kam er dennoch nicht von der Stelle. Ringsumher lagen von ihm umgerissene Bäume, abgefallene Äste, dick wie junge Bäume und jede Menge Laub wirbelte um den Bösewicht umher. Und tatsächlich, durch das Heulen des drehenden Windes hindurch meinte er, ein Zischen und Brodeln zu vernehmen, das kleine Lichtblitze durch das Dickicht der Windspiralen hinausschoss. Da packte den Tag die Wut, er stürzte auf das Ungetüm und fasste, wohin er greifen konnte. Und wirklich, er hatte einen Strang erwischt und zog und zog und zog. In Windeseile spulte er die Windhose ab, und mit jeder Drehung drang mehr Licht heraus, bis schließlich das Loch so groß geworden war, dass die Sonne entweichen konnte und eiligst ans Himmelszelt zurückkehrte. Da erstrahlte die Welt, alle Vögel stimmten gleichzeitig ihren Jubelgesang an, die Erde erwärmte sich und die Samen unter der Erde erahnten den nahenden Frühling und schickten sich an, ihr alljährliches Keimen vorzubereiten. Der Tag zerschnitt noch rasch die Abwicklung des Windgespinstes, damit es die Sonne nicht noch einmal einfangen konnte. Danach machte er kehrt und eilte wie gewohnt dem Westen entgegen.

Und weil der Tag von der Jagd ordentlich müde geworden war, wollte er früher als sonst schlafen gehen. An diesem Wechsel fand er Gefallen und so kam es, dass in der Mitte des Winters der Tag einen langen Schlaf hält und nur langsam seine Arbeitszeit wieder verlängert. Der Nacht war es recht, denn im Austausch gewann sie sommerliche Ruhezeiten. Die Menschen aber feiern alljährlich die Befreiung der Sonne und machen es dem Tag gleich. Denn für die länger werdenden Tage wollen auch sie ihre Kräfte sammeln.

Jahreswechsel, Zeit der Rauhnächte. Zeit dafür, wofür das Jahr über keine Zeit blieb

»Ich hatte keine Zeit …« »Die Zeit war zu knapp.« »Der Tag müsste 48 Stunden haben« – Wie oft haben Sie so einen Satz im eben zu Ende gehenden Jahr gedacht, als Erklärung für nicht Erledigtes, nicht Durchgeführtes, Vergessenes, … ausgesprochen? Oder haben Sie sich doch auch Zeit genommen für Wesentliches statt für Dringendes?

Damit sind wir mitten im ersten Thema des Untertitels: Zurückblicken. Ohne Erinnern gelingt es nicht. Und Erinnern gelingt nicht ohne mit dem Erlebten verbundene Emotion. Was nicht im Umkehrschluss bedeutet, dass alles, was emotional erlebt wurde, auch in Erinnerung bleibt. Mit Ihren persönlichen könnten Sie es wie A. A. Milne betrachten. Er schrieb in seinem weltberühmten *Winnie the Pooh*: *We didn't realize we were making memories. We just knew, we were having fun.* (Wir erkannten nicht, dass wir Erinnerungen schufen. Wir wussten nur, dass wir Spaß hatten.)

Worauf wir zurückblicken, bleibt nur bruchstückhaft im Gedächtnis verankert. Die Schriftstellerin Barbara Frischmuth vergleicht diese Unzuverlässigkeit der gespeicherten inneren Bilder in ihrem Roman über eine Kindheit in Altaussee mit *verschütteter Milch*.

Welchen Sinn hat es dann, zurückzublicken auf eine Vergangenheit, derer ich mir gar nicht sicher bin? Zudem knüpft das aktuelle Erinnern immer an das vorangegangene, das heißt, unsere aktuelle Sicht der Vergangenheit ist quasi ein Ergebnis eines inneren *Stille-Post*-Spiels. Deshalb kann es sehr erhellend sein, jemand anderen, mit dem wir eine Erinnerung teilen, danach zu fragen. Oder wir sorgen vor, etwa durch Erinnerungskonserven wie Ton- oder Bildaufnahmen oder Tagebucheintragungen. Doch selbst diese sind immer subjektiv gefärbt.

»Mich interessiert, was mich dorthin geführt hat, wo ich jetzt bin.« Erklärte mir eine Freundin, zu der eine meiner über viele Jahre von mir begleiteten Klientinnen wurde, als ich ihr über das eben entstehende Kapitel berichtete. Zurückblicken zur Standortbestimmung also.

Allerlei Weisheiten für ein und dasselbe

Erst wenn ich weiß, wo ich stehe, kann ich mich dahin aufmachen, wo ich eigentlich hin will, lautet ein Zitat meiner Sammlung. Dafür ist immer Zeit, doch wie oft nehmen wir uns diese? Eine kleine Erinnerung am Badezimmerspiegel könnte geeignet sein, Sie täglich daran zu erinnern, kurz innezuhalten und, noch viel wichtiger, sich Ihre innewohnende Stärke, das eigene Leben tagtäglich neu zu gestalten, vor Augen zu halten:

Hier siehst du den Menschen, der für dein Leben verantwortlich ist. Du kennst alle Geheimnisse, um dich lebensfroh, gesund, gelassen und erfolgreich zu machen.

Dazu noch ein Hinweis, Ihnen wahrscheinlich bekannt, dennoch erinnere ich Sie gerne daran: Für eine neue Überzeugung im Zellgedächtnis braucht es 21 Tage, weitere sieben, um sie dauerhaft im Langzeitgedächtnis zu verankern.

Das folgende Märchen entstand mit dem Stichwort *Standortbestimmung*. Oft braucht es nur den Mut, weiterzugehen, ins Unbekannte hinein. Es kann eigentlich nicht viel schief gehen, glaubt man *Erasmus von Rotterdam*: *Die höchste Form des Glücks ist ein Leben mit einem gewissen Grad an Verrücktheit.* Und wohin auch immer uns dieses Ver-rücken führt, die Vietnamesen beruhigen uns mit ihrem Sprichwort: *Umwege erweitern die Ortskenntnis.*

Mit dem Leben ist es wie mit einem Theaterstück: es kommt nicht darauf an, wie lang es ist, sondern wie bunt.

SENECA

Der Weltenzaun

Hier stehe ich also« stellte das Mädchen mit den blonden Zöpfen fest, das am Zaun wartete, ob ein Freier vorbeikommen würde. Der Zaun hielt sie davon ab, weiterzugehen. Sie war an der Grenze ihrer Welt angekommen. Ein Bräutigam sollte sie in die große geleiten, ohne ihn würde sich ihr diese nicht erschließen. So hatte man es sie gelehrt, sie war eine folgsame und fleißige Schülerin und stellte nie in Frage, was die Großen, die schon einmal auf der anderen Seite des Zaunes gewesen waren, ihr zu verstehen gaben. Ein Bräutigam also. Was wäre so einer? Der einzige Mann, den sie kannte, war der Händler, der einmal die Woche vorbeikam, um frische Nahrungsmittel zu bringen, die sie innerhalb des umzäunten Gebietes nicht ernten oder herstellen konnten. Sie, das waren außer ihr, der jüngsten, noch drei weitere Frauen. Außerdem kamen und gingen andere Kinder, doch blieben diese nie lange, sie wurden nach wenigen Wochen abgeholt von anderen, fremden Frauen. Sie hatte schon lange aufgehört, sich anzufreunden, der Schmerz des Abschieds hätte ihr sonst jedes Mal das Herz zerrissen. Sie selbst war dem Kindsein gerade entwachsen, doch zu jung, um auf sich alleine aufpassen zu können, hatte man ihr erklärt. So wie jetzt am Zaun stand sie überhaupt an der Schwelle zu einem neuen Ich-sein. Warum sie nie abgeholt würde, so wie die anderen Kinder, um woanders hin zu gehen, hatte sie gefragt. Sie sei etwas Besonderes, man habe großen Wert auf ihre Erziehung und Bildung gelegt, denn dann würde ein edler Mann um sie freien. Sie hatte einige Bücher gelesen und sich ihr eigenes Bild von der Welt jenseits des Zaunes gemacht. Auch einen möglichen Bräutigam hatte sie sich ausgemalt für diese Welt. Rank und schlank, mit kinnlangem, welligem rötlichbraunen Haar, einer markanten Nase und leicht vorstehendem Kinn. Ja, sie wusste bereits sehr genau, wie der ersehnte Befreier aussehen sollte. Er trug ein königsblaues Samtwams und dunkelgrüne Bundhosen. Ein federgeschmückter Dreizack gab seinem Auftreten den Schwung, den sie sich von einem Mann in ihrer Begleitung erwartete.

Während sie am Zaun stand und auf seine Ankunft hoffte, blickte sie in beide Welten. Die ihr grau erscheinende, alltägliche, in der ihr jeder Handgriff, jede Tagesstunde wohlbekannt und eindeutig bestimmt war, in der alles seinen eingeübten Ablauf hatte. Der Tag war eingeteilt in Lernzeiten, Ruhezeiten, Arbeitszeiten, Gesprächszeiten, Essenszeiten, Gebetszeiten. Alles folgte dem immer gleichen Plan. In den Büchern, die ihr gelegentlich zugebilligt wurden, fand sich nichts von dieser gefahrlosen Eintönigkeit. Sie erzählten von üppigen Landschaften und wilden Meeren, prächtigen Bauten und armseligen Hütten, mutigen Reitern und tapferen Mädchen und reichlich Abenteuern, die von ihnen gemeistert wurden. Wenn sie diese Geschichten las, spürte sie Aufregung, Angst und deren Überwindung, sie freute sich, wenn ein unschuldiges Wesen gerettet wurde, oder weinte, wenn ein anderes sein Leben ließ. Sie bangte, wenn ein Zauberer danach trachtete, die Erde zur Ödnis zu verdammen und fühlte sich erlöst, wenn eine Heldin oder ein Held reinen Herzens ihn zur Strecke brachte. Sie blickte über den Zaun und sah in die Ferne, in der sie all die Gestalten ihrer Geschichten vermutete und wieder zurück in die umzäunte Ruhezone bar jeglicher Unerwartetheit.

Erneut blickte sie auf den Zaun und die Wiese auf der anderen Seite. Sie unterschied sich kaum von der auf der ihren, dennoch erschien sie ihr grüner, saftiger, dichter. In einiger Entfernung, etwa so weit, wie sie von einer Zaungrenze zur anderen zu gehen gewohnt war, wuchsen Bäume aus dem Boden und schirmten die Welt dahinter gegen ihre sehnsüchtigen Blicke ab.

Wann er kommen würde, der Mann, der ihr Leben verändern sollte, konnte ihr keine der drei Frauen beantworten. Ihre Mutter hatte ihre Geburt nicht überlebt, Vater hatte sie keinen – oder zumindest war er unbekannt geblieben, ihre Mutter hatte die Schwangerschaft geheim gehalten – deshalb hatten die drei sich ihrer angenommen. Sie waren gut zu ihr, mitunter sogar ein wenig herzlich, doch innig war sie mit keiner verbunden. Sie hatten dafür gesorgt, dass sie zu essen und anständige Kleidung hatte, dass sie lesen und schreiben lernte, ebenso wusste sie einen Haushalt zu führen. An einer Puppe hatte sie geübt, ein Kleinkind zu versorgen. Weil der Händler wöchentlich lieferte und auch bezahlt wurde, kannte sie auch den Wert des Geldes und wie man es sich einteilte, damit bei der nächsten Lieferung noch genug davon übrig war. Sie fühlte sich bereit für ein Leben in der großen Welt, und für einen Junker, der sie in diese einführen würde. Erneut blickte sie über den Zaun, doch die ewig gleiche Wiese lag unverändert vor ihr. Sie betrachtete die trennende Linie und stellte überrascht fest, dass die zu einem Gitter verbundenen Holzbalken ihr nur bis knapp zur halben Körperhöhe reichten. Bisher hatte sie noch den Blick ihrer Kindheit in Erinnerung gehabt, als sie die Wiese nur durch die Löcher zwischen den Balken sehen konnte. Doch sie war gewachsen und überragte die Grenze. Diese Entdeckung gab ihr zu denken. So lange hatte sie die Veränderung nicht wahrgenommen – was könnte ihr sonst noch entgangen sein, das sich in ihrem Leben gewandelt hatte? In ihre Gedanken versunken schritt sie sehr langsam, ohne sich dessen bewusst zu sein, den Zaun entlang. Den Überlegungen über die verändert wahrgenommene Höhe des Zaunes folgte eine weitere: Warum hatte sie nie daran gedacht, auf die andere Seite zu gelangen? Sie blickte erstaunt auf und erkannte zunächst, dass sie sich ein gutes Stück entfernt vom Ursprungsort ihrer Entdeckung befand. Der Zaun war hier wie dort aus schmalen Balken gezimmert, doch an der nunmehr erreichten Stelle waren diese durchschnitten, von oben bis unten. Sie schaute genauer hin und erkannte, dass der Zaun, den sie als immer gleich trennend gesehen hatte, an dieser Stelle durch ein bewegliches Stück zwar verbunden, gleichzeitig durchbrochen war. Ein Griff befand sich auf einer der durchschnittenen Seiten und ohne zu überlegen, ergriff sie diesen, worauf sich der Zaunabschnitt knarrend bewegte und sich in Richtung ihrer bisherigen Welt öffnen ließ. Die Wiese auf ihrer Seite ging nahtlos in die Wiese jenseits über und ungehindert schritt sie durch die Öffnung hindurch und hinaus in Richtung der Bäume am Horizont. Dort angelangt, erfuhr sie eine neue Überraschung. Bisher hatte sie die Bäume als einen weiteren Zaun gesehen, ein wenig höher als der ihr so wohl bekannte, dennoch nicht unüberwindbar. Nun aber überragten sie dicke Stämme um ein Vielfaches. Doch verbunden durch reichlich Luftraum, durch den sie ungehindert weitergehen konnte. Aber keine Welt der Zauberwesen, wie sie aus ihren Büchern erblüht war, erwartete sie dahinter, vielmehr erhoben sich Reihe um Reihe weitere Baumriesen. Der Boden, über den sie ging, war keine Wiese mehr, abertausende von braunen Nadeln bildeten einen weichen Teppich, der alle Geräusche zu verschlingen schien. Lärm kannte das Mädchen mit den blonden Zöpfen kaum, diese tiefe Stille jedoch war ihr gänzlich neu. Erstaunt lauschte sie diesem unbekannten Klang der Tonlosigkeit. Kaum hatte sie die Erfahrung dieser tiefen Ruhe eingesogen, bahnte sich feuchtmodriger Geruch einen Weg durch ihre Nase und weckte ihr ganz und gar unerklärliche Gefühle. Die sanfte Feuchte legte sich auf ihre Haut und sie spürte die Kühle in ihre Adern eindringen. Sie drehte sich ein wenig um die eigene Achse, doch ringsumher umgab sie derselbe Anblick.

Zurück war also keine Option, ihre alte Welt war hinter dem Vorhang an dicken Stämmen verschwunden. Ihr Körper zitterte, deshalb begann sie zu laufen, damit ihr Blut sich wieder erwärme. Sie hielt erst an, als sie die Bäume hinter sich gelassen und ein nun sandiger Boden ihre Füße trug. Sie blickte umher, diesen Ausschnitt der unbekannten Welt einer genauen Prüfung unterziehend. »Hier stehe ich also jetzt« – erneut tönte dieser Satz in ihrem Inneren. Aber hier war kein Zaun, vielmehr verhieß der Weg unter ihren Füßen, dass sie ungehindert in die neue Welt wandern konnte. Immer noch war sie allein, kein schmucker Jüngling im blauen Wams harrte ihrer und sie fühlte ein wenig Erleichterung. Ein Ausdruck der Stärke dehnte sich in ihr aus, und voll Zuversicht, dass sie aus eigener Kraft die Welt erobern würde, marschierte sie dem am Ende des Weges wartenden Himmel entgegen.

Wo wartet Ihr Himmel?

Ich liebe das Bild des Schriftstellers *Idries Shah,* der unter anderem für seine Schriften über den Sufismus bekannt wurde: *Geschichten sind wie ein Baum, der am Horizont wächst. Geh auf den Baum zu, und er wird dich geradeaus führen. Aber der Baum selbst ist nicht dein Ziel. Wenn du ihn erreicht hast, musst du ihn zurück lassen und dir weiter hinten einen neuen Punkt suchen.*

Das Buch seiner Tochter, *Saira Shah, Die Tochter des Geschichtenerzählers,* beeindruckte mich nachhaltig. In England aufgewachsen, machte sie sich auf in die Heimat ihrer Vorfahren, Afghanistan. Verhüllt unter der Burka, durch deren Augengitter sie kaum andere Menschen noch ihren Weg erkennen konnte, danach meist verkleidet als Soldat, erlebte sie anstelle der Märchenwelt ihres Vaters das von den Taliban reglementierte und unterjochte Land. Wer dieses Land verstehen will und die Menschen, die von dort flüchten, dem sei es ans Herz gelegt. Die Stärke dieser Frau, aber auch derer, denen sie auf ihrer Reise begegnet, findet sich auch in den Mythen über die Percht und ihre Entsprechungen, wie beispielsweise auch die im slawischen (Märchen-)Kulturkreis beheimatete *Baba Yaga*.

Die Rauhnächte – die Zeit der Frauen

Das Ohr ist der Weg zum Herzen – durch dieses Zitat wurde ich aufmerksam auf eine Frau, der E.T.A Hoffmann mit einer Krimierzählung ein literarisches Denkmal gesetzt hat: *Madeleine de Scudéry*. Sie lebte fast ein Jahrhundert lang, nämlich das 17., blieb unverheiratet und sorgte als bekannte Schriftstellerin selbstständig für ihren Lebensunterhalt.

In allen Zeiten gab es Frauen, die selbstbestimmt und selbstbewusst ihren Neigungen nachgingen. Sie trugen die Kraft der »*Wilden Weiber*« in sich, ob sie nun *Percht, Holla,* oder etwa *Völva* (in Island), *Quatemberca* wie in Slowenien oder *Bonnes Dames* – die heute in Frankreich kaum bekannt sind, Mademoiselle de Scudery aber vielleicht geläufig waren – heißen. Sie haben viele Namen, ihre Urmutter ist die dreigestaltige Göttin, die Werden, Sein und Vergehen in sich vereint. Sie sind Mutter Erde zugehörig, weshalb Hollas Reich ebenfalls in dieser zu finden ist. Und es ist der Kirche nicht gelungen, trotz vieler, teilweise mit schweren Strafen unterstützter Bemühungen im frühen Mittelalter, die ihr zugehörigen Bräuche auszumerzen. Bis in die heutige Zeit finden sich Rudimente dieser winterlichen Rituale, auch wenn gar nicht mehr bekannt ist, dass sie den Wesen aus der Anderswelt zu verdanken sind.

Die große Pause

Den Tag der Wintersonnenwende feierten unsere Vorfahren, allerlei Göttergeschichten erzählten von der untergehenden und wiederkehrenden Sonne, die langen Nächte gaben den Zwölften ihren Namen, die wenigen hellen Stunden des Tages wurden einfach dazu gezählt. Die Arbeit ruhte, strenge Regeln mahnten, dieses Gebot einzuhalten, der Percht wurde deren Überwachung zugeschrieben. Wer sich nicht daran hielt, musste mit ihrem Zorn rechnen.

Dieses Innehalten ist Voraussetzung für Besinnung. Für die erwähnte Standortbestimmung. Um den roten Faden zu erkennen. Der sich vielleicht stellenweise aufgedröselt hat in viele Einzelstränge, aber jetzt, im Rückblick, doch als durchgängig erweist. Der österreichische Schriftsteller *Alfred Komarek*, unter anderem mit seinem Antihelden, dem schludrigen Inspektor Polt, bekannt geworden, drückt es so aus *»Im Weinkeller gibt's sie* (Anm.: die Stille). Die Interviewerin der österreichischen Tageszeitung *der Standard, Renate Graber,* fragte ihn: Sie verbringen dort allein Silvester? Komarek: *Ein paar Stunden. Da räume ich in mir zusammen und denke über mein Leben nach.*

Diverse neurologische Studien belegen, wie essentiell Stille für uns ist. Wir Menschen entwickelten uns über Jahrtausende in einer Umgebung, die zwar nicht geräuschlos war, doch der Überfülle an ohrenbetäubendem Lärm ebenso wie der Dauerberieselung durch Lautsprecher, egal ob beim Einkaufen, im Restaurant, ob mittels Kopfhörer auf allen unseren Wegen oder als Hintergrundkulisse während der Arbeit, sind wir erst seit wenigen Generationen ausgesetzt. Bei einer Untersuchung an Mäusen, bei der Stille eigentlich nur als Unterscheidungsmerkmal gegenüber einer Reihe unterschiedlicher Geräusche eingesetzt wurde, entdeckten die Forscher, dass genau in dieser Zeit der Stille neue Zellen im Hippocampus wuchsen. In dieser Gehirnregion werden Emotionen und damit auch Erinnerungen gespeichert.

Lärm bedeutet Stress, Stille Entspannung. Während der Pause zwischen zwei Musikstücken entspannten Proband*innen stärker als während der Musik. Deshalb sind Pausen nicht nur essentiell für die Wirkung eines Musikstückes, sondern ganz allgemein im Leben. Wenn keine Reize unser Gehirn in Anspruch nehmen, können wir viel besser auf Emotionen und damit auf Erinnerungen zurückgreifen, aber auch die Verknüpfung dieser Inhalte auf neue Art und Weise gelingt besser. Meditieren, Tagträumen, *ins Narrenkastl schauen*, wie wir in Österreich sagen, ein Spaziergang durch möglichst unberührte Natur oder zumindest abseits unnatürlicher Geräuschquellen, all das unterstützt uns dabei, zu reflektieren, Zusammenhänge zu erkennen und damit auch Sinn zu finden. Offenbar ist das Gehirn, wenn es keine Reize von außen empfängt, bestrebt, sich mit selbstproduzierten Informationen zu beschäftigen. Das aber ist die Voraussetzung für Kreativität.

Für Madeleine de Scudery war das Ohr der Weg zum Herzen, eine indische Weisheit beschreibt es als *Tor zur Seele*.

Das Ohr ist das zuerst ausgebildete, schon im Mutterleib funktionierende Sinnesorgan, es hört lange vor der Geburt. Und es ist das letzte Sinnesorgan, das stirbt, wenn ein Menschenleben verlischt.

Nicht nur Stille, auch gemeinsames Singen und Musizieren ist selten geworden. Zu Weihnachten gelingt es vielleicht, zumindest *Stille Nacht, Heilige Nacht* gemeinsam anklingen zu lassen. Die besungene Stille wiederum muss man suchen. So wie Alfred Komarek, der findet sie im Weinkeller.

Ich stelle mir vor, das Jahr wäre ein Lied. Jeweils sechs Klänge, gefolgt von einer kurzen Pause, 50 Mal in Folge. Und dann eine sehr lange, statt zwei Wiederholungen der Klang-Pausenfolge NUR PAUSE. In ihr können die vorangegangenen Melodien nachklingen. Dieses lange Nachspüren beginnt mit der Wintersonnenwende.

Der Arzt, evangelische Theologe, Philosoph und – Musiker! *Albert Schweitzer* erkannte bereits vor Jahrzehnten: »*Der moderne Mensch wird in einem Tätigkeitstaumel gehalten, damit er nicht zum Nachdenken über den Sinn seines Lebens und der Welt kommt.*« Wer es dennoch schafft, der kommt vielleicht zu einer ähnlichen Sinnfindung wie Komarek: »*Ein Leben zu leben, das einem gehört und das etwas macht aus einem. Und darum, dass man etwas zurücklässt auf der Welt.*«

Nachspüren, das heißt auch, die Sinneswahrnehmungen des vergehenden Jahres auszukosten. Das Mädchen im Märchen wird sich immer an die besondere Stille des Waldes und den modrigen Geruch erinnern. – An welchen Duft erinnern Sie sich spontan, welche Gefühle tauchen mit ihm auf? Welches Lied erklingt, wenn Sie an den vergangenen Sommer denken? An welchen Geschmack erinnert sich Ihre Zunge, wenn diese Melodie ihr Herz erwärmt? Vielleicht gelingt es Ihnen, sich an die Hitze der Sonne auf Ihrer Haut zu erinnern. Oder an die erfrischenden Regentropfen, die ein Gewitter dem Himmel entriss. Welche Geschichte entsteht nun in Ihrem Inneren, welche Menschen oder Tiere kommen darin vor – sind Sie fröhlich oder traurig, müde oder quicklebendig? Albert Schweitzer meinte auch: »*Viele Menschen wissen, dass sie unglücklich sind. Aber noch mehr Menschen wissen nicht, dass sie glücklich sind.*«

Beschließen Sie doch zu wissen, dass Sie glücklich sind! Damit hätten Sie *zurückblicken + loslassen + neustarten* gleich in einem gemeistert.

Oder doch lieber systematisch?

Beides macht Sinn: die Sinnes-Erinnerung ebenso wie die strukturierte. Wer mit anderen gemeinsam die Feiertage verbringt, kann die eigenen Erinnerungen erzählen und hören, was für die anderen so bedeutsam war, so emotional besetzt, dass es als Erinnerung abgespeichert wurde. Daraus ergibt sich dann ein vielfächriges Bild. Allerdings kann es zu weiteren, oft schmerzhaften Emotionen führen, aber ebenso zu wertvollen Einsichten. Eine wichtige Regel der Rauhnächte besagt, dass Schulden zurückgezahlt, also auch emotional Unbefriedigendes aufgelöst werden sollen. Das kann mit so einem Austausch gut gelingen. Idealerweise einigt man sich vorab auf für beide Seiten passende Kommunikationsregeln. Wie wäre es mit der Regel der Heinzelmännchen? Wenn ein Vorwurf im Raum steht, wird dieser leise, aber deutlich nach einer (eventuell sogar selbstkomponierten) Melodie gesungen!

Wer sich erinnern möchte, tut gut daran, sich tägliche Notizen zu machen, über all das, woran Sie sich in einer jährlichen Rückschau in der Zeit zwischen den Zeiten erinnern möchten. Sich dabei für die besonderen, oft gar nicht bemerkten Schönheiten Zeit zu nehmen, kann kleine Schätze für die kalte Jahreszeit bereitstellen. Meine Notiz zum 2. Mai zum Beispiel erinnert mich an den mit Sicherheit wiederkehrenden Frühling und seine Blumenfreuden: *Die Schwertlilie war über Nacht aufgeblüht, ebenso eine der Mohnblüten. Im Laufe des Tages konnte ich das langsame Herausschälen der zweiten beobachten. Wie ein Küken aus dem Ei bahnen sich die Blütenblätter den Weg ins Freie. Die bereits erblühte schließt sich gegen Abend wieder ein wenig.*

Wenn Sie ungern schreiben, vielleicht liegt es Ihnen eher, Fotos oder kleine Filme auf Ihr Handy zu bannen? Speichern Sie diese in einem eigenen Ordner, so können Sie zum kommenden Jahreswechsel das Jahr in Bildern Revue passieren lassen. Vermutlich haben Sie im vergangenen schon einiges fotografisch festgehalten, das Zeitalter des Smartphones macht es uns leicht. Dann können Sie diese Bild-Gedächtnisstützen ebenfalls neu einordnen, für jeden Monat ein Ordner, zum Beispiel. Diese Tätigkeit reicht bereits, um viele Erinnerungen wachzurufen. Den Bilderbogen des Jahres können Sie dann in eine Diashow einbetten. So haben Sie auch gleich ein sehr persönliches Geschenk für alle, die Sie an Ihrem Weg teilnehmen lassen wollen.

Den folgenden *Tipp* gebe ich Ihnen mit für das kommende Jahr, außer Sie gehören sowieso zu den Tagebuchschreibenden, dann können Sie ihn schon jetzt nutzen:

Wenn Sie sich gerne Notizen machen: Schreiben Sie pro Tag einen Zettel. Oder noch besser: eine Karte. Dafür können Sie sich laufend mit Postkarten eindecken. Mit jenen, die Sie gratis in vielen Kaffeehäusern und Lokalen mitnehmen können, aber auch mit solchen, die Ihnen irgendwo unterwegs auffallen. Oder Sie besitzen schon eine Sammlung, aus der Sie wählen können. Dieses durch das Zufallen entstandene Bilderreich bietet eine zusätzliche Anregung, die Sie an die unbewussten Bereiche Ihres Gedächtnisses heranführt.

Als (ergänzende) Variante: Am Ende des Jahres wählen Sie eine vorher bestimmte Anzahl Notizen bzw. Karten aus. Zwölf wären naheliegend, für jede Rauhnacht eine. So könnten Sie je eine Rückblicksnotiz in Beziehung setzen zur jeweils ablaufenden Rauhnacht. Das geht auch mit vorhandenen Postkarten, ohne Tagebuchnotizen, aus denen Sie zum Beispiel zwölf wählen, als würden Sie Karten ziehen. Die Bilder dienen als Anregung, Ihre Erinnerungen zu wecken. Das gelingt noch besser, wenn Sie es jemandem erzählen, dabei können sich ungeahnte Universen öffnen.

Wenn Ihre Erinnerungen nun wieder ins Bewusstsein gepoppt sind, fragen Sie sich: Waren es freudige, ist der Prozess abgeschlossen, gibt es dazu etwas zu ergänzen? Wofür möchten Sie sich in diesem Zusammenhang bedanken?

Die einzelnen Rauhnächte und ihre Zuordnung im Brauchtum

Eine Auffassung besagt, dass das Geschehen der jeweiligen Rauhnacht Hinweise für den ihr zugeordneten Monat des Jahres liefert. Deshalb schreibe ich die jeweilige Zuordnung dazu, die Anmerkungen zu den Bräuchen sind davon unabhängig. Im Tagebuch, das Sie während der Rauhnächte schreiben, können Sie die Stellen, die Ihnen Unheil verheißen, schwärzen und es damit abwenden.

Bei jeder Lesung werde ich gefragt: wann genau sind nun diese Rauhnächte? Das ist gar nicht so einfach zu beantworten, denn es gibt durchaus unterschiedliche Traditionen. Meist wird die Nacht vom 24. auf 25. Dezember als erste Rauhnacht gezählt – der erwähnte Thomastag, die Nacht der Sonnenwende, nimmt eine Sonderstellung ein, quasi als Initialzündung. Demgemäß liste ich im Folgenden auf:

Ab dem Tag der Sonnenwende soll alle Arbeit ruhen. Der 24. Dezember war strenger Fasttag, erst nach der Mette durfte üppig gespeist werden, die *foaste* Rauhnacht löste die *dürre* ab.

25. Dezember, 1. Rauhnacht, Orakelsymbolik für Jänner; *Modranicht*, die *Nacht der Mutter.* Ursprünglich der Muttergöttin geweiht, damit auch *Mutter Erde.* Die dreifaltige Göttin des Werdens-Seins-Vergehens (*Urd* – das Werdende/Geburt, *Werdandi* – das Gewordene/Leben und *Skuld* – was werden soll/Tod) lebte in der christlichen Variante als Gottesmutter Maria weiter. Gleichzeitig wurden aber noch lange Zeit die *Matronen* Ambeth, Worbeth und Wilbeth verehrt, später als Dreiheit der drei (historisch nicht belegbaren) Märtyrerinnen *Catharina, Margareta* und *Barbara* (C+M+B). Wissenschaftlerinnen bemühten sich um Belege, dass Percht bzw. Holla sich aus den anderen, nicht verbotenen Namen der Urmutter, sprich Odins Gattin *Frigg,* ableiten, aus althochdeutsch *Peraht* = glänzend, strahlend und *pergan* = verhüllt, huldvoll.

Ab heute sind die Grenzen zur Anderswelt durchlässig. Das Schicksalsrad beginnt sich zu drehen (s. Monatsentsprechung), deshalb sollen alle anderen Räder, vor allem die Spinnräder, still stehen (in alter Zeit wurde im Schlitten gefahren, Wagenräder standen ebenfalls still). Frau Holle aber spinnt den Schicksalsfaden, deshalb war während der Rauhnächte das Spinnen ausschließlich ihr vorbehalten.

26. Dezember, 2. Rauhnacht, Stefani, Orakelsymbolik für Februar; Der Hl. Stephan war der Patron der Pferde. Deshalb fanden Pferdeweihen und rituelle Ritte statt. Die Symbolik des Pferdes steht erneut für die Sonne, denn der Sonnenwagen wurde von ihnen gezogen. Und *Odin*, der Göttervater, ritt auf dem achtbeinigen Schimmel *Sleipnir.* Dessen Geifer tropfte auf den Waldboden, neun Monate später wuchs dort der Glück verheißende Fliegenpilz. In Oberösterreich kommen an diesem Tag die Burschen zu den jungen Frauen zum *Störibrot* kosten. Und ab heute darf wieder getanzt werden.

27. Dezember, 3. Rauhnacht, Johanni, Orakelsymbolik für März; Tag der *Johanneswein*-Weihe. Er stand als Allheilmittel für Mensch und Tier bereit und begleitete Reisende als schutzwirksame *Johannesminne.*

28. Dezember, 4. Rauhnacht, Tag der unschuldigen Kinder, Orakelsymbolik für April; Im Gedenken an den Kindsmord des Herodes hatten Kinder einen Vormittag lang Narrenfreiheit. Sie durften die Erwachsenen mit Ruten *frisch und g'sund* schlagen und erhielten dafür Süßigkeiten und andere Leckereien als Dank. Sie ist eine der Wenderauhnächte, das heißt, das erahnte und nicht erwünschte Schicksal kann gewendet werden.

29. und 30. Dezember, 5. und 6. Rauhnacht, keine spezielle Zuordnung, Orakelsymbolik für Mai bzw. Juni; der 30. Dezember gilt im christlichen Ritus als Festtag der Heiligen Familie. Im unteren Ybbstal (Niederösterreich) waren die beiden Tage als *Wind- und Wassertag* bekannt. Am 29. wurde der Windsbraut ein Opfer gebracht, am 30. dem Wassermandl. Das Wind- beziehungsweise Elementefüttern war in vielen Landstrichen geübter Brauch, allerdings eher am Weihnachtstag.

31. Dezember, 7. Rauhnacht, Silvester, Orakelsymbolik für Juli; Es wird geräuchert, allerlei Orakelbräuche zur Vorausschau auf künftiges Wettergeschehen und mögliche Heiratsaussichten und mehr werden geübt. Keine Wäsche aufhängen! (Galt früher für alle zwölf Rauhnächte!) Der Stall bleibt zu, denn wer den Tieren, die in dieser Nacht sprechen können, lauscht, riskiert sein Leben. Lärm dient der Vertreibung böser Geister, darin liegt der Ursprung des Zündens von Böllern und Feuerwerken.

1. Jänner, 8. Rauhnacht, Neujahr, Orakelsymbolik für August; An den Bräuchen des Jahreswechsels lässt sich gut erkennen, dass früher der Tag mit dem Sonnenuntergang begann. Denn die Bräuche des Silvesterabends ziehen sich über die Mitternacht hinaus. Am Morgen des ersten Tages im Jahr war es von Bedeutung, wer einem als Erster begegnete, die Symbolik wurde als Hinweis auf das persönliche Schicksal gedeutet. Ein alter Mann galt als Glücksbringer, ebenso ein Kind. Eine alte Frau hingegen stand für das Gegenteil, sie galt als Symbol des listigen Gottes Loki, der sich als Riesin verkleidet hatte und damit die Rückkehr des Sonnengottes aus der Unterwelt verhinderte. Doch anderswo ließen sich junge Männer von alten Frauen Essig und Zucker in den Mund legen, als Schutz vor Geldmangel.

2. bis 4. Jänner, 9. bis 11. Rauhnacht, Orakelsymbolik für September (Ernte), Oktober (Erntedank), November (Schafschur,

Schlachten). Es sind die Namenstage der C+M+B-Heiligen, Catharina/Caspar, Margaretha/Melchior und Barbara/Balthasar.

5. Jänner, 12. Rauhnacht, Tag der Percht, Orakelsymbolik für Dezember; Es ist ebenfalls ein Wendetag, was an Orakeldeutungen während der Rauhnächte so angefallen ist und auf Unerwünschtes hindeutet kann (abge-)wendet werden. Denn in vielen Traditionen werden auch Tod und Krankheit durch bestimmte Zeichen angekündigt. Das Wenden gelingt durch Rituale wie Räuchern oder ins Feuer werfen. Dazu mehr im Kapitel zum Loslassen. In dieser letzten Rauhnacht wird, teils nach uralten Ritualen, gemeinsam geräuchert und gespeist. Auch für die Percht und ihr Gefolge wird ein Mahl bereitet, sie liebt weiße Speisen.

Mit Sonnenaufgang schließen sich die Grenzen zur Anderswelt. Der 6. Jänner wird häufig als Abschlusstag genutzt, manche meinen, das Geschehen des Tages lässt noch einmal das gesamte künftige Jahr überblicken. Christliches Brauchtum (Dreikönig) vermischt sich mit tradiertem heidnischen. Es gibt, so wie am Tag der Percht, spezielle Speisen, meist sehr fett, auch oft süß. In Italien bringt die Befana den Kindern Geschenke. Die Segnung des Hauses und seiner Bewohner*innen wirkt das gesamte künftige Jahr.

Die Heilkraft des Dankens

Sich zu bedanken ist eines der stärksten Heilmittel überhaupt. In meinen bereits erschienen Büchern habe ich darauf hingewiesen, auch in Einzelgesprächen oder Seminaren werde ich nicht müde, daran zu erinnern. Denn es schafft Frieden in uns. Besonders für Erfahrungen, die wir als belastend, verärgernd, schmerzhaft etc. empfunden haben. Der Dank dafür hilft enorm, die mit diesen Gefühlen gebundene

Energie loszueisen. Danken bedeutet annehmen. Wie ein Geschenk, das wir uns nie gewünscht haben, wofür wir uns aber dennoch bedanken, weil wir die gute Absicht des Schenkenden würdigen. Diese ist nicht immer offensichtlich, doch sie wird nachvollziehbar, wenn wir uns vergegenwärtigen, dass wir durch Seelenverträge verbunden sind. Es geht dabei leider häufig um Lernchancen, die im Erdendasein, also in der Verkörperung, als schmerzhaft empfunden werden. Indem wir uns bedanken, können wir aus der Ego-Falle aussteigen. Uns selbst belastende Gefühlsreaktionen wie Wut und Hass werden neutralisiert, wenn wir das Geschenk hinter seiner Tarnung des Angriffs erkennen. Manches Geschenk enthüllt sich erst nach vielen Jahren, wenn wir die krummen Wege überblicken, die wir ohne unerwartete Weichenstellungen nie gegangen wären.

Der im Abschnitt zu den Märchen des Alltags erwähnte Flüchtling zum Beispiel landete nur deshalb in Österreich, weil er nach seinem Abenteuer in Polen während eines erneuten Fluchtversuchs in Ungarn in Einzelhaft geraten und anschließend im Rahmen einer Amnestie zurück in die Heimat verbracht wurde. Inhaftiert wurde er, nachdem er wegen fehlender Zünder erneut ins Geschäft gegangen war. Die Frau an der Kassa hatte ihn wegen der schon zuvor gekauften Zigaretten für einen Dieb gehalten. Ein Mithäftling erzählte ihm auf der Rückfahrt von grenzüberquerenden Güterzügen. Weil er den ersten verschlief, entging er den wachenden Grenzsoldaten und gelangte mit dem nächsten wohlbehalten in seine heutige Heimat.

Viele Lebensgeschichten sind von Auf und Abs und ungeplanten Wendungen geprägt. Auch er hätte mit dem Leben hadern können. Dann wäre er heute wohl ein verbitterter Grießgram. Wenn wir hingegen die Überraschungen des Lebens zu Geschenken erklären, und uns dafür bedanken, steigt die Wahrscheinlichkeit, geistig und körperlich gesund zu bleiben.

Weihnachtliches Schenken anders

In unserer Kultur fallen Weihnachten und Rauhnächte zusammen, die christlichen Kirchenväter nutzten Gewohnheiten und interpretierten die Feierinhalte, die noch stark von Naturphänomenen geprägt waren, einfach um. (Mohammed machte es übrigens nicht anders, er verbannte die Muttergöttin der Nabatäer, *al-Uzza,* aus Mekka und errichtete am selben Ort ein patriarchales Heiligtum.) Weihnachten ist vielerorts zum Tag des Schenken-müssens (= Geld ausgeben) verkommen. Viele steigen aus diesem als zwanghaft, konsumbetont, sinnentleert empfundenen Geschehen aus. Entweder, indem sie gar nicht feiern oder zumindest das gegenseitige Schenken unterlassen. Ein bisschen schade, denn auch dieses Buch hätten sie dann vielleicht nicht erhalten oder hätten es niemandem geschenkt. Aber sich an den eigentlichen Sinn des Schenkens zu erinnern wäre angebracht. Idealerweise schenken wir nicht aus Verpflichtung, sondern weil wir dem Beschenkten eine Freude bereiten wollen. Das bedeutet, sich in diesen hineinzuversetzen, nachzuspüren, welche Sehnsüchte ihn oder sie bewegen, was ihr oder ihm das Herz erstrahlen lässt, weil er oder sie sich verstanden fühlt. Vor dem Märchen zum Weltenzaun erwähnte Freundin/Klientin schenkt aus Begeisterung. Sie stellt sich dann vor, wie die Beschenkten sich darüber freuen, das Kulinarische genießen – das stimmt dann wiederum sie glücklich.

In jedem Fall können Sie sich selbst beschenken, indem Sie dankbar zurückblicken auf Ihre Erfolge, schönen Erlebnisse, ebenso auf die Lernstunden, auf das, was Ihnen vielleicht noch unverdaut im Magen liegt.

Wozu regen Sie Ihre Erinnerungen an? Was gilt es, hinter sich zu lassen, was auszubauen, fortzusetzen, neu zu probieren?

Teilen Sie die Erinnerungen auf: Was daran war hilfreich, wertvoll, erfreulich, beglückend, ...?

Und was hätten Sie lieber nicht erlebt, hätten Sie besser anders gemacht, was haben Sie leider unterlassen, was blieb unvollendet? Waren Sie gekränkt, verärgert, verzweifelt? Was auch immer Ihre Stimmung getrübt hat, blicken Sie noch einmal auf das Ganze: Was ist Ihnen dadurch klar geworden? Haben Sie sich infolge verändert? Welches Erlebnis hat es wieder wettgemacht, hat Sie die Trübsal vergessen lassen, nach welcher Maßnahme oder Begegnung waren Sie wieder fröhlich? Wenn es nicht gelungen ist – fällt Ihnen jetzt und heute eine Lösung ein, zeigt es sich aus heutiger Sicht anders, vielleicht belanglos oder können Sie rückblickend darüber lachen?

Selbstverständlich gibt es Lebensumstände, die über lange, manchmal sehr lange Zeit, sich nicht zum Positiven verändern lassen. Manche Ereignisse, vor allem wenn jemand Nahestehender verstorben ist, können nicht »schön gemacht« werden. Aber vielleicht konnten Sie den Abschied, so schmerzhaft er war, als besondere Gnade erfahren – ich kenne etliche Menschen, die diese letzten Stunden mit einem Angehörigen oder auch einem/r ursprünglich Fremden als außergewöhnliche Erfahrung dankbar in Erinnerung behielten. Oft können sich dann endlich die Seelen verständigen, über alle Feindseligkeiten oder Unverständnisse hinweg und es kehrt Frieden ein. Vielleicht erinnern Sie sich daran, dass Sie jemand getröstet hat, zur Stelle war, als Sie nicht mehr weiter wussten. Wenn niemand da war – was hat Sie weitermachen lassen, woraus schöpften Sie neue Kraft, wie konnten Sie erneuten Lebensmut entfachen?

Sich diese vielen Bausteine vor Augen zu halten, ehe das Jahr sich verabschiedet, um einem neuen Anfang Platz zu machen, schenkt nicht nur so manche Erkenntnisse. Es ist wie der Blick auf die vollen Kornkammern nach der Ernte, die Kontrolle der Saat, die im kommenden Jahr keimen soll. Darauf achteten unsere Ahninnen und Ahnen in der Zeit der Rauhnächte, und allerlei Orakelbräuche ließen hoffnungsvolle Deutungen zu. Oft wurde auch nachgeholfen. Tiere, Obstgärten und Äcker wurden »gefüttert«, mit entsprechenden Aufforderungen wie *»Bam esst's!«* Ein eigenes Buch habe ich diesen Bräuchen rund um die Nahrungsmittelverwertung in der Zeit der Rauhnächte gewidmet, an dieser Stelle erinnere ich nur daran. Bei den Lesungen und Aktivitäten damals – etwa beim gemeinsamen Zubereiten von Speisen für die Percht mit Kindern – hörte ich öfter: »Ja, das hat meine Mutter auch immer gemacht.« »Das hab ich als Kind auch erlebt.« – Das zeigt, dass die Bräuche zumindest teilweise Kulturgut geblieben sind. Oft werden sie zu neuem Leben erweckt, die Kraft der *Befana* (in Italien), der *Percht*, der *Sträggelen* (in der Schweiz) wird besonders von Frauen wiederentdeckt und soll Frauenpower stärken, aber selbstverständlich (gerade dadurch) allen zugutekommen.

Wie schaut es also in Ihrer Vorrats-, Ihrer Kornkammer aus? Das kann ein Projekt sein, ein familiär prägendes Ereignis, eine unerwartete Begegnung. Vielleicht gehören Sie so wie ich zu den Menschen, die laufend Ideen gebären, viel zu viele, um sie alle zu realisieren. Dann gilt es, sorgsam auszuwählen. Und was nicht gleich umsetzbar ist, muss vielleicht einfach nur reifen. Spargel zum Beispiel wird erst im dritten Jahr geerntet. Bäume brauchen noch viel länger, bis sie üppig Früchte tragen. Und wer das Holz eines Waldes nutzen will, hatte in langen Zeiträumen denkende Vorfahren.

Nelson Henderson, der mit seiner Familie vor dem Hunger in Irland geflohen und über den großen Teich ausgewandert war, zunächst nach Ontario, später nach Manitoba, der sein Land bestellte und eine Familie gründete, ohne viel mit ihren Mitgliedern zu reden, gab seinem Sohn Wesley, der seine Geschichte niederschrieb, einen seiner seltenen Sätze mit auf den Weg: *Der wahre Sinn des Lebens besteht darin, Bäume zu pflanzen, unter deren Schatten zu sitzen wir nicht erwarten.*

Die große Kunst ist zu wissen, was Zeit zum Reifen braucht, was schnell verbraucht werden muss und was besser sofort entsorgt wird.

Wenn es ein Vorhaben war, das nicht gelungen ist oder nicht zufriedenstellend ablief, zeigt sich im Rückblick möglicherweise ein verändertes Bild. Bekamen Sie wohlgemeinte Ratschläge oder wollte Ihnen jemand Perspektiven eröffnen, für die Sie damals nicht zugänglich waren? Wie schaut es jetzt aus – könnten Sie eine Idee von einst heute nutzen, wäre die damals abgetane Lebensvariante wert, sie auszuprobieren? Was haben Sie zu verlieren, wenn der unbefriedigende Zustand sich bisher nicht verändert hat? Geben Sie dem Glück eine neue Chance, lassen Sie sich überraschen.

Erlauben Sie der Angst, erneut zu scheitern, nicht, Sie davon abzuhalten. Ein Fotograf schoss in sechs Jahren 720.000 Bilder tauchender Eisvögel, bis ihm jenes gelang, auf dem sich Vogel und Pflanzenhalme in perfekter Einheit im Wasser spiegelten. Thomas Alva Edison entdeckte »1000 Wege, wie man keine Glühbirne baut«. Angeblich testete er an die 9500 kleine Kohlefäden, bis er schlussendlich den geeigneten fand. Es ist gelungen, die Ernte seines Scheiterns erhellt unsere Wohnstätten gerade in dieser dunklen Zeit, in der die Tage kurz bleiben.

Er mahnte: *»Der sicherste Weg zum Erfolg besteht darin, immer wieder einen neuen Versuch zu wagen«*

Es war übrigens ein Österreicher, *Carl Auer von Welsbach,* der einen weiteren entscheidenden Schritt in der Glühfadenoptimierung ging. Seine Metallfadenglühlampe ließ er 1898 patentieren, in der Folge gründete er die Firma Osram (komponiert aus den Metallen im Faden, Osmium und Wolfram), die bis heute für Licht in der Dunkelheit sorgt.

„Vertrauen ist eine Oase des Herzens, die von der Karawane des Denkens nie erreicht wird.“

KHALIL GIBRAN

Das kleine Danke

Es war einmal ein kleines Danke. Das hatte sich auf den Weg gemacht, die Welt zu erobern. Es stapfte bergauf bergab, durch tiefe Schluchten und über karstige Höhen. Unterwegs begegneten ihm allerlei Tiere, es sah eine Vielzahl von Pflanzen, die ihm manch schöne, aber auch manch sehr traurige Geschichte erzählten. Und dann waren da noch dieses Mädchen und dieser Junge. Beide gingen sie Hand in Hand, als hätten sie Angst, einander zu verlieren. Bloßfüßig liefen sie über harte Steine, durch kaltes, reißendes Wasser, mit dem sie ihren Durst stillten, Beeren und andere Waldesfrüchte beruhigten von Zeit zu Zeit ihren Hunger. Das kleine Danke beeilte sich, die beiden zu erreichen, doch sie liefen so schnell, dass es eine sehr lange Weile brauchte. So konnte es die beiden lange beobachten und ein wenig kennenlernen.

Das Mädchen war klein und zierlich, und wenn es vom langen Laufen zu müde wurde, begann es zu stolpern. Dann nahm der Junge das Mädchen huckepack, deshalb gelang das Laufen nicht so schnell und der Abstand zu den beiden verringerte sich für das kleine Danke. Wären diese Momente sowie die eine oder andere kurze Pause nicht gewesen, hätte es die beiden wohl nie eingeholt. Doch endlich, nach vielen Stunden, waren sie gleichauf, noch ein paar Schritte und das kleine Danke konnte die beiden überholen und sich ihnen in den Weg stellen.

Da waren die zwei doch ein wenig erschrocken, sie waren so mit sich selbst beschäftigt und damit, ihr Ziel zu erreichen, dass sie dieses kleine Etwas, das sie nicht so recht zu deuten wussten, erst bemerkten, als sie es beinahe überlaufen hatten.

Das kleine Danke wusste aber, sich rechtzeitig bemerkbar zu machen, es wuchs richtig über sich hinaus, hallte über die Berge und kehrte als Echo wieder zurück. Die beiden blieben wie angewurzelt stehen und hörten und schauten, was da inmitten der Natur, die kein Menschenwesen störte, sich aufgebaut hatte. »Ich bin das kleine Danke, ich bin ausgezogen, die Welt zu erobern. Mit euch möchte ich gerne meinen ersten Versuch machen, wenn ihr mich willkommen heißen wollt.« Das Mädchen war noch so klein, das wunderte sich gar nicht, jedes Lebewesen war ihm recht, es war eines von vielen, das sie Tag für Tag neu kennenlernte. Dieses hier war also ein kleines Danke. Und was es bedeuten mochte, die Welt zu erobern, dazu hatte das Kind kein Empfinden. Der Junge aber, der doch ein paar Jahre älter war, der wusste schon ein wenig mehr über die Welt (oder was er dafür hielt) und auch vom Erobern. Einmal waren Soldaten ins Dorf gekommen und sprachen davon. Sie sollten in ein anderes Land weiterziehen, um es für ihren Herrn zu erobern, hatten sie erzählt. Er hatte also erfahren: Wer etwas erobert, der tut es für seinen Herrn. Nun blickte er auf das kleine Danke, das ja hauptsächlich aus Tönen bestand, und fragte sich, wie es die ganze Welt erobern wolle, wenn es für ein einziges Land schon so vieler Soldaten bedurft hatte. Was sollte so ein kleines Danke da ausrichten können? Und bei ihnen wollte es anfangen? Sie hatten doch kein Land und auch sonst nichts, was sie ihm hätten geben können! »Was willst du denn mit der Welt anfangen und welches Stück Welt, meinst du, könnten wir dir geben?«, fragte er daher sehr verwundert.

»Nicht ich brauche die Welt, die Welt braucht mich!« antwortete das kleine Danke. »Und ihr beide, denk ich, könnt mich sicher auch gut gebrauchen. Aber zuerst möchte ich wissen, warum ihr gar so schnell vorwärts hastet und wohin ihr gelangen wollt. Dann werde ich schon wissen, wobei ich euch hilfreich sein kann.« Zuerst hatte es vom Erobern gesprochen und jetzt vom Hilfreich-Sein – der Junge war nun endgültig verwirrt und brachte außer ein paar Stammeleien nichts hervor, geschweige denn eine Antwort, mit dem das Danke etwas hätte anfangen können. Das Mädchen aber, das in der Zwischenzeit ganz ruhig das kleine Danke beobachtet und ihm gelauscht hatte, wunderte sich gar nicht und antwortete augenblicklich: »Unsere Mutter ist krank, so krank, dass wir den Doktor holen müssen. Der wohnt aber weit weg von unserem Hof, und weil die Großen der Mutter beistehen wollen und die anderen sich ums Vieh und den Acker und das Haus und die anderen Kinder und was die Großen sonst noch so machen, kümmern müssen, haben sie uns geschickt. Aber wir haben noch kurze Beine, deshalb müssen wir umso schneller laufen, damit wir den Doktor bald erreichen.« Da jauchzte das Danke auf, das war ja eine wunderbare Gelegenheit, seinem Ziel näher zu kommen. »Ich komme mit euch, wenn ihr meine Begleitung zulasst«, sprach es hoffnungsfroh, denn es durfte nur dort sein, wo es willkommen war. Der Junge verstand immer noch überhaupt nichts, aber das kleine Danke schien ihnen nicht übel zu wollen, also war ihm diese Begleitung jedenfalls recht. Das Mädchen freute sich sehr, denn ein freundlicher Geselle machte den Weg gangbarer.

Mit dem Danke in Begleitung schienen die Schritte leicht und wie dahingleitend und im Nu waren sie in der kleinen Stadt angelangt, in der der Arzt zu Hause war. Der packte gleich seine Sachen und die Kinder in seinen Wagen und fuhr eiligst zur kranken Frau. Das Danke war ihm gar nicht aufgefallen, das kränkte es ein wenig. Gerade ein Arzt sollte es gut kennen, war es doch oft auch ein Glück, dass die Patientinnen wieder gesund wurden, da sollte er wohl danken können. Dass er wiederum ein Danke von seinen Patienten erhielt, war gewiss anzunehmen, denn wer wäre nicht dankbar, wenn Schmerzen vorbei oder gar der Tod abgewendet wurde? Das kleine Danke wusste also, bei wem es als Nächstes auf seinem Eroberungszug haltmachen wollte, die Reise zur kranken Mutter der Kinder war eine geeignete Zwischenstation.

Wofür die Kinder Stunden gebraucht hatten war mit dem Wagen in nicht viel mehr als einem Wimpernschlag wieder zurück gefahren. Die Kranke lag auf ihrem Lager, die Augen geschlossen, ob sie noch atmete war nicht zu erkennen. Neben ihr saß eine Alte, die tupfte ihr mit einem Tuch die Schweißperlen von der Stirn. Als der Doktor hinzueilte wandten sich alle besorgt, doch mit einem Anflug von Freude ihm und den Kindern zu, gleichzeitig wurde das Danke beinahe ein großes, jedenfalls sahen es nun etliche andere und nickten zustimmend, als wäre es das Selbstverständlichste der Welt, dass ein kleines Danke mitgekommen war und nun unter ihnen weilte.

Mit ernsthafter Miene näherte sich der Arzt dem Bett, er schickte alle Herumstehenden hinaus, nur die beiden Kinder behielt er zur Sicherheit, als Assistenten, in Reichweite. Das kleine Danke seinerseits wich ihm nicht von der Seite. Die Kranke öffnete die Augenlider einen Spalt, genug, um das kleine Danke zu erblicken. Erschöpft schloss sie erneut die Augen, doch der Anflug eines Lächelns erhellte ihre von der Krankheit gezeichneten Züge. Das kleine Danke lächelte zurück, es wusste, sein Lächeln würde das Herz der Frau erreichen, auch ohne gesehen zu werden. Es summte leise vor sich hin, so blieb die Kranke von seinem Klang umwoben. Der Doktor nahm noch immer keine Notiz vom Danke, er war sich seines medizinischen Wissens sehr sicher und prüfte gewissenhaft Puls und Herzschlag, hörte die Lunge ab und maß das Fieber. »Hm, hm«, murmelte er in seinen Bart, der seine Weisheit der Welt deutlich machen sollte, »hm, hm«. Dann strich er über den Bart, als wolle er ihn glattstreifen, zwirbelte seine Spitze und dachte nach. Das kleine Danke kam der Kranken nah, ganz nah und summte ihr ins Ohr. Der Doktor war mit Nachdenken beschäftigt, die Kinder standen etwas abseits. Mit ängstlich erwartungsvollen Augen sahen sie zum Doktor, dann aber auf das kleine Danke und nun begann auch der Junge zu verstehen, wie das kleine Danke das mit dem Erobern gemeint hatte. Sie hörten das Summen und stimmten mit ein, so erfüllte dieser Chorgesang die ganze Stube, ja er drang sogar durch die Spalten und Ritzen und erreichte die Herzen der im Vorraum Wartenden. Alsbald stimmten diese guten Menschen mit ein, erst waren es die, die das Danke bereits vorher wahrgenommen hatten, dann alle anderen, die wohl nur von ihrer Besorgnis gefangen kein Auge für das Danke übrig gehabt hatten.

In dieser Wolke aus Gesumme stand der Doktor und grübelte vor sich hin. Dann kramte er in seiner Tasche, zog eines der dort verwahrten Fläschchen heraus, ging zur Tür und übergab es dem Vater der Kinder. Die aber waren beim Bett der Mutter geblieben und bemerkten, dass ihre Wangen ein wenig rosiger geworden waren und ihr Lächeln deutlicher. Die Brust hob und senkte sich, und mit jedem nun endlich sichtbaren Atemzug kehrte das Leben zurück in den müden Körper.

Während der Doktor dem Vater umständlich erklärte, wie die Frau das Mittel einnehmen solle und was er sonst noch meinte, das ihr helfen könne, bemerkten die Kinder, dass das Lied des kleinen Danke die Mutter wieder ins Leben zurückholte. Vorsichtig schoben sie ihr ein Kissen unter, sodass sie den Kopf ihnen zuwenden konnte. Die Augen blieben immer länger offen, sie lächelte die Kinder an und drückte ihre Hände. Bald danach konnte sie sich schon aufstützen und saß bereits kerzengerade im Bett, als die um sie Besorgten wieder ins Zimmer traten. »Hallo mein guter Mann«, rief sie ihrem Gatten entgegen, »ich fühle mich schon viel besser, so gut wie schon lange nicht mehr!«

Der Doktor war bereits wieder heimwärts gefahren, als Einziger hatte er das Lied des kleinen Danke nicht vernommen. Alle anderen staunten und schauten ganz glücklich auf das kleine Danke. Die Alte, die vorher die Schweißperlen gewischt hatte, kam mit einer kräftigenden Suppe und erlebte hocherfreut, wie ihre Tochter nun mit bestem Appetit Löffel um Löffel davon hinunterschluckte.

Das kleine Danke war zufrieden, nahm die Kinder noch schnell beiseite, gemahnte sie, sich immer daran zu erinnern, wie es gelingt, mit einem Danke der Welt ein Stückchen Glück abzugewinnen. Danach eilte es, den Doktor einzuholen. Denn dort hoffte es, ein weiteres Stück Welt zu erobern.

Wintersonnenwende, Symbol der Hoffnung

Die längste Nacht des Jahres gilt als der eigentliche Beginn der Rauhnächte. Denn die Rückkehr des Lichtes war in vorchristlicher Zeit ein triftiger Grund, ausgiebig zu feiern. Und wenn Menschen zusammenkommen erzählen sie sich auch Geschichten. Manche über viele Generationen hinweg, bis sie irgendeiner aufgeschrieben hat. Aus diesen Texten, in Kombination mit archäologischen Funden, schälten Forscher eine Mythologie der Ahninnen und Ahnen. Wie sehr sie dem entspricht, woran die Menschen vor tausenden von Jahren geglaubt haben, können wir wohl nie mit Sicherheit sagen. Schon als Kind träumte ich davon, dass jemand eine Zeitmaschine erfinden würde. Bis heute denke ich mir, wie spannend es wäre, die Relativität der Zeit so weit im Griff zu haben, dass wir auf dem Zeitstrahl vor und zurück gelangen könnten, um die Annahmen der Geschichtswissenschaften mit der tatsächlich gelebten Realität zu vergleichen. Doch bereits mit diesem Wort löst sich wieder alles auf, denn was ist Realität?

»Der einzige wahre Realist ist der Visionär«, brachte *Federico Fellini* es auf den Punkt – er verstand es wie kein anderer, Realität und Fantasie in opulenten Bilderfluten zu verschränken. Und *Albert Einstein* meinte: *»Phantasie ist wichtiger als Wissen. Wissen ist begrenzt. Phantasie umfasst die ganze Welt.«*

Nicht nur über die Zeitmaschine dachte ich nach als Kind. Lange bevor ich von Grillparzer oder Calderon gehört hatte, beschäftigte mich der Gedanke, ob die Träume vielleicht die Realität sind und das Leben die eigentliche Phantasie. Ebenso könnten die Märchen die wahre Geschichte sein – jedenfalls erlebe ich immer wieder, dass sie sich in dem, was wir die Wirklichkeit nennen zumindest widerspiegeln, manchmal sogar dazu beitragen, dass Träume wahr werden. Dass dies bereits mein fünftes Buch ist und das zweite, das in meiner Wirklichkeit gewordenen Vision – meinem Traumhaus – geschrieben wird, lässt mich jeden Tag wie im Märchen sein. Während ich an diesem Buch schrieb, besuchte mich in einer Nacht eine Eule, Mitspielerin im Märchen über die gefangene Sonne. Einige Nächte später raschelte ein Igel neben meinem Bett, ein zweiter erfreute sich des Katzentrockenfutters. Diese Besuche meiner Märchenfiguren bewegte mich nachhaltig, sanft beförderte ich sie wieder aus dem Haus.

Die langen Nächte zu Winterbeginn sind zum Geschichtenerzählen besonders geeignet. In meiner Nähe veranstaltet ein rühriger Märchenerzähler, *Paul Daniel,* alle zwei Jahre ein *Rauhnachtserzählen.* Teils von sehr weit her reisen Erzählerinnen und Erzähler an, um in Privathäusern oder Gärten, rund ums Lagerfeuer, die Magie ihrer Geschichten zu entfalten. Diesen Funken des gebannten Zuhörens, des

Miteinanders, der Zuwendung schreibe ich in diese Seiten mit ein, damit er, gerade jetzt, während Sie das lesen, auf Sie überspringen kann.

Haben Sie ihn gespürt? Breitet er sich schon aus, in ihrem Herzen, weitet er sich aus zum Strahlen der Freude?

Lassen Sie diese Magie der Liebe wirksam werden. Begegnen Sie Ihren Mitmenschen mit einem Lächeln, schenken Sie Aufmerksamkeit jedem, der Ihnen begegnet, hören Sie zu, wenn man Ihnen etwas erzählt.

Frau Holle träumt

Als Kinder hörten wir, dass die Federbetten der Frau Holle dafür sorgen, dass es auf der Erde schneit. Und dass eine Marie mit Gold überschüttet wird, weil sie fleißig diese Federbetten schüttelt. Aber wer wusste, dass Holla – wie die Percht, die zentrale Figur der Rauhnächte, im alpenländischen Raum im Norden genannt wird – über den Hollerbusch mit uns in Kontakt tritt? *Vorm Holler muss man den Hut ziehen* ist eine bekannte Weisheit. Zwischen seinen Wurzeln soll der Eingang in die Anders- oder auch Unterwelt zugänglich sein.

Im Sommer, wenn es nicht schneit, kann Frau Holle träumen. Vielleicht hat sie mir ja einige ihrer Träume zugeraunt, die nun als Märchen in diesem Buch zu lesen sind. Nach der Sommersonnenwende beginnt der Holler zu reifen und wenn wir mit der gebührenden Ehrfurcht um Erlaubnis bitten, dürfen wir einige Zweige ernten. Ihr Mark ist ein reinigendes und geruchsfreies Räucherwerk, das wir in den Rauhnächten zur Klärung der Gedanken nutzen können. Gemeinsam mit den getrockneten Blüten verräuchert, erleichtert es die Kontaktaufnahme zu den Wesen der Anderswelt

Der Tag der Wintersonnenwende wiederum ist traditioneller Räucheranlass. Haus und Hof soll von allen Altlasten gereinigt werden. Weihnachtsputz und Ausräuchern gehen Hand in Hand. Es beginnt die Zeit des Loslassens.

„Denke heute einmal darüber nach, was du hast, und nicht darüber, was dir noch fehlt!

2. Kapitel

Loslassen

Bis zum Neujahrstag soll alles bereinigt sein, was bisher unerledigt blieb. Schulden bezahlt, Geborgtes zurückgegeben, Wünsche erfüllt, Groll und Hader beigelegt, Unrecht verziehen. Frieden soll einkehren in unsere Herzen und damit in die Familie, in die Gemeinschaft, schließlich in die Welt.

Die Realität sieht allzu oft anders aus. Denn verordnete Einigkeit, Harmonie, nur weil Weihnachten ist, das kann nicht funktionieren. Statt auf die anderen zu warten, dass sie um Verzeihung bitten, kann jede und jeder für sich persönlich sich bereit machen, zu verzeihen, auch ohne darum gebeten zu werden. Gleichzeitig für sich nachspüren, wem er oder sie Unrecht getan hat, wer sich verletzt fühlt, wer sich nach Zuwendung sehnt.

Wir müssen selbst Frieden machen, ehe Frieden gemacht wird, meinte dazu die deutsche Schriftstellerin *Gertrud Freiin von Le Fort.*

Der Traum des Bären

Es war einmal ein kleiner Bär. Er liebte es, auf einem Stein in der Mitte des Teiches zu sitzen und den um ihn herum fliegenden und schwimmenden Tieren zuzuschauen. Er freute sich über den Gesang der Frösche, das Surren der Bienen, die schillernden Flügel der Libellen und die Fischmäuler, die an der Wasseroberfläche die ihm lästigen Mücken wegschlürften. Er liebte den Sommer. Wenn ihm sein Pelz die Sommerhitze gar zu unerträglich machte, plantschte er im kühlenden Gewässer und so mancher Fisch, der ihn eben noch vor den Mückenstichen bewahrt hatte, landete in seinem hungrigen Magen. Darüber machte er sich keine Gedanken, das war der Lauf der Welt, die Mücken mästeten die Fische, die wiederum für seinen wohlgefüllten Bauch sorgten.

Rund um seinen Lieblingsteich blühte eine weite Wiese im schönsten Sommerkleid, Schmetterlinge und Bienen sogen den feinsten Nektar aus den Blütenkelchen, Käfer und Würmer und anderes Erdgetier bevölkerten diese Vielfalt des Lebens. Hätte er die Geschichte vom Paradies gekannt, er wäre sicher gewesen, bereits in ihm zu Hause zu sein.

Doch er wusste nichts von angebissenen Äpfeln, von listigen Schlangen und vertriebenen Menschen. Er wusste auch nichts von Vergangenheit oder Zukunft. Er lebte ganz im Jetzt, auf seinem Lieblingsstein in seinem Lieblingsteich. Jeder Moment war neu und aufregend, und wenn er von den vielen Eindrücken erschöpft war, legte er sich ans Ufer in die Wiese oder in den Schatten eines Baumes am Wiesenrand und hielt ein Nickerchen.

Eines Nachmittags, als die Sonne wieder ihr goldenes Licht über den Teich hinunterlächelte, der ihr mit ebensolchem Schimmer zurückstrahlte, bewunderte er dieses Schauspiel wie so viele Male zuvor. Es begeisterte ihn immer aufs Neue, voller Freude klatschte er auf seinen fischegefüllten Bauch, trottete dann vergnügt zu seinem Schattenplätzchen und fiel wie gewohnt in einen Verdauungsschlummer. Da träumte ihm, er hätte ein Krönlein zwischen seinen kleinen Ohren am Haupte sitzen und sei in Wirklichkeit ein verwunschener Prinz, und die Kröte am Uferrand eine Zauberin, die daran schuld sei, und ihrerseits verwunschen worden war.

Verwirrt wachte er auf, griff sich, noch etwas schlaftrunken, auf den Kopf, und tatsächlich erfühlte er dort ein ihm unbekanntes, starres und kühles Etwas. Er rappelte sich auf, hin zum Teich, und als er hineinblickte erkannte er das Krönchen, das er im Traum gesehen hatte. Ein Brummton machte sich Luft, auch dieser sehr eigenwillig. Für menschliche Ohren – die es aber an diesem Ort nicht gab – wie eine Mischung aus Empörung, Ärger und Verwunderung deutbar.

Nun suchte er nach der Kröte, die noch nie seine Freundin gewesen war, aber sie hatten einander bisher in Ruhe gelassen. Auch sie hatte Interesse an den ihm lästigen Mücken, aber die Fische schmeckten ihm besser, die schleimige und warzenübersäte Amphibie war nicht auf seinem Speiseplan, weshalb er sich nicht für sie interessierte. Nun aber war es plötzlich anders. Wenn sie ihn verzaubert haben sollte, dann müsste sie ja auch wissen, wie er wieder zum Prinzen rückverwandelt werden könnte.

So wenig wie von Prinzen verstand er von Zauberinnen. Als er sie endlich im Schlamm, von dem sie sich kaum unterschied, entdeckt hatte, saß sie aufgeblasen vor ihm und ignorierte seine Anwesenheit. Er aber war gewohnt, freundlich mit allen Wesen an seinem Lieblingsplatz zu sein, also versuchte er es mit einem vorsichtigen »Hallo, bist du die Zauberin, die mich verwandelt hat?«

Im Grunde seines Herzens war er immer noch ein kleiner Bär, die Krone auf dem Kopf passte ganz und gar nicht zu seiner unbekümmerten Lebensfreude. Ein Prinz zu sein, im Bärenkleid, ließ ihm das Herz ein wenig schwer werden, vor allem, weil er eigentlich gar nicht wusste, was das bedeutete. Da die Kröte ihm immer noch ihre Aufmerksamkeit verweigerte, setzte er sich hin und dachte nach. Bisher hatte er das äußerst selten gemacht, eigentlich nur, wenn er Lust auf Honig hatte und nicht recht wusste, wie er den Bienen diese köstliche zähe Masse entwenden konnte. Er war also nicht gewohnt, zu denken. Aber der in ihm verborgene Prinz, der konnte es, und weil er nun dasaß und nachdachte, nickte er erneut ein und der Prinz erreichte ihn als Traumgestalt.

Dieser Prinz saß hoch zu Ross und war auf dem Weg ins Nachbarreich. Denn der einzigen Tochter des dort herrschenden Königspaares sollte ein Mann zur Seite gestellt werden. Er, als Nachbar, fühlte sich bestens dafür geeignet. Beide Reiche könnten zu einem größeren zusammengeführt, die Verwaltung vereinigt werden. Ein ordentlicher Anteil der in den Gewölben seines Reichssitzes angesammelten Schätze würde damit eingespart und länger gelagert bleiben. Er hatte ein Bild der Prinzessin gesehen, darauf sah sie recht manierlich aus, also versprach er sich auch einen durchaus erfreulichen Ehealltag mit ansehnlichen Kindern. Gefühle seien Luxus, hatte er von seinen Eltern gelernt. Sie hatten für eine ordentliche Erziehung gesorgt, ausreichend, um sicherzustellen, dass er die Regierungsgeschäfte nach ihrem Tode weiterführen konnte. Aber wie man mit Menschen umging, besonders mit jungen Mädchen, darin hatte ihn keiner unterrichtet.

Selbstbewusst und in der Erwartung, ein gutes Geschäft zu machen – denn als solches betrachtete er die angestrebte Vermählung –, ritt er dahin. Plötzlich stellte sich ihm eine Frau in den Weg, hochgewachsen, mit einem schwarzen Kittel ummantelt und einem ebenso schwarzen Hut mit hohem spitzen Kopfteil, der sich aus einer breiten Krempe emporreckte. »Weib, geh mir aus dem Weg, dich will ich nicht freien, die Prinzessin meines Nachbarn wartet auf meinen Antrag«, rief er von oben herab, denn die Frau war zwar groß, sein Pferd aber noch größer.

Die solcherart herablassend angesprochene Magierin blies grauen Rauch aus ihren Nasenlöchern aus, ihre Augen verengten sich zu zornigen Schlitzen und sie erhob einen Arm, der einen blitzenden Stab hochhielt. Es war nur ein Moment, aber lang genug, dass sie noch eine unverständliche Silbenreihe ausstoßen konnte und dann saß er zwar immer noch auf seinem Pferd, doch sein prachtvolles Freiergewand war einem dichten Pelz gewichen, der reichte ihm von den Zehenspitzen bis über den Kopf. Beängstigt betrachtet er seine zu Tatzen gewandelten Hände, und als er sich damit ins Gesicht griff, spürte er statt seiner Nase eine haarige Schnauze und in seinem riesigen Mund scharfe spitze Zähne. Erschrocken fiel er vom Pferd, das augenblicklich davontrabte. Nun stand er der schwarzen Frau gegenüber und blickte immer noch auf sie herab. Sie zischte einen weiteren Blitz aus ihrem Stab heraus und im selben Augenblick war er klein geworden und reichte ihr gerade mal bis zum Knie. Er hörte noch: »Vergiss deine Herkunft und dein ursprüngliches Wesen, und erst, wenn du das einfache Leben genießen gelernt hast und jegliche Kreatur achtest, wirst du dich in deinen Träumen erinnern.«

Ein Ruck fuhr durch den Bären und weckte ihn schlagartig auf. Noch verdutzter als zuvor saß er in der Wiese und griff sich auf Brust und Bauch, wo er nach wie vor nur Fell fühlte. Ein Griff auf den Kopf versicherte ihn, dass die Krone sein Prinzeninneres auch im Wachzustand kenntlich machte. Die Kröte war inzwischen im Schlammloch verschwunden, er musste wohl auf eine bessere Gelegenheit warten, um einen neuen Versuch zu unternehmen, von ihr zu erfahren, wie es mit ihm und somit auch mit ihr weitergehen könnte. Denn er wusste nun, dass auch sie einst menschliche Gestalt gehabt hatte, doch ob sie nur einem eigenen irregeleiteten Zauber zum Opfer gefallen oder aber von einer mächtigeren Kraft zum Krötendasein verdammt worden war, musste er noch herausfinden.

Zunächst aber wollte er verstehen, was ein Prinz war und ein Königreich. Für ihn als Bären waren es bloße Worthülsen, kein Gefühl dazu regte sich in seinem beständig nach Nahrung lechzenden Bäuchlein. Worte wie Honig, Fisch, Libelle, Blume, Teich – um nur einige seiner Vorlieben zu nennen – lösten bei ihm Wohlgefühl aus, großer Bär oder Schlange hingegen verursachten eher ein löchriges, mitunter sogar zittriges Empfinden in seinen Eingeweiden. Prinz oder Prinzessin hingegen ließen ihn unbewegt. Nur wenn er die hochgewachsene schwarzgekleidete Frau vor Augen hatte, überkam ihn ein unbestimmtes Gefühl der Unsicherheit, das ihm völlig neu war. Dachte er aber an die Kröte, dann war das Gefühl weg. Darüber musste er erneut grübeln, denn vielleicht wäre es doch besser, die Kröte bliebe eine Amphibie, statt sie wieder eine Zauberin werden zu lassen. Und weil das Nachdenken für den kleinen Bären ungewohnt und anstrengend war, fiel er erneut in einen tiefen Schlaf.

Diesmal träumte er von der Prinzessin, und weil im Traum der logische Verstand bekanntermaßen Ruhepause hat, wunderte er sich nicht darüber und träumte einfach weiter. Eine mittelgroße Frau, mit blonden, zu einem langen Zopf geflochtenen Haaren, saß an einem Fenster eines großen Gebäudes, mit allerlei Zinnen und goldglänzenden Dächern. Und dann sah er sich als Bären, der auf die große

Brücke, die die Wiese, auf der er unterwegs war, verband mit einem großen Tor, das sich für Gäste öffnete, die im Schloss willkommen waren. Doch kaum hatte er sich genähert, wurde die Brücke hochgezogen, denn Bären wollte niemand im Haus haben, auch keinen kleinen. Da spürte er einen großen Schmerz, der seinen Stolz erst so richtig ins Wanken brachte. Denn noch war er empört und verärgert gewesen ob der Unverschämtheit der Zauberin. Auf den nächstgelegenen Scheiterhaufen würde er das Weib werfen, die ihn in diese plumpe Gestalt eingeschlossen hatte! Nun aber, als er vor verschlossenem Tor stand, die Prinzessin ihn spöttisch von ihrem sicheren Ausguck aus beobachtete und er all seiner Prinzen-Insignien beraubt war, überkam ihn tiefste Verzweiflung. Er wusste ja nicht einmal, wie er seine menschliche Gestalt wiedererlangen könnte. Und von der Zauberin war nichts zu sehen – so, wie sie aufgetaucht war, war sie auch wieder verschwunden.

Während er so eine Zeitlang dasaß und sich bemitleidete, vergaß er allmählich den Grund seines Kummers und dass er eigentlich ein Prinz war. Er nahm die duftende Wiese um sich herum wahr, sah allerlei kriechende und fliegende Insekten und war erstaunt über diese neue Welt, die ihm bisher verborgen geblieben war. Und dann fühlte er ein großes Loch in seinem Bauch und fragte sich, womit er dieses füllen könnte. Denn von Bärennahrung verstand er zu diesem Zeitpunkt noch überhaupt nichts. Er wollte gerade eine Blume pflücken, um zu testen, ob sie genießbar sei, da hörte er ein sehr hohes Silberstimmchen: »Hallo kleiner Bär, lass mich stehen, mein Nektar nährt Bienen und Hummeln, auch Schmetterlinge freuen sich daran. Aber deinen Bärenhunger wird er nicht besänftigen. Wenn du aber zum Teich weiterläufst, findest du dort Fische, die wirst du lieben!«

Mit seinen kleinen Äuglein entdeckte der kleine Bär, der vergessen hatte, dass er ein Prinz war, zwischen den Blütenblättern eine winzige Blumenelfe. »Oh, dankeschön, ich lauf mal zum Teich – aber ich komme gerne wieder, vielleicht können wir Freunde werden?« Denn er fühlte sich doch ein wenig einsam, auch so ein Gefühl, für das er als Mensch nie Zeit gehabt hatte. »Nun ja«, antwortete die Elfe, »wir sind zwar sehr ungleich, aber vielleicht passt das ja gerade deshalb. Ich bin ohnedies immer hier, auf der Blume, nur wenn sie verwelkt, wechsle ich auf die nächststehende.« Fürs Erste hatte der Bär schon genug erfahren, obwohl er noch eine Menge Fragen gehabt hätte, aber der Hunger knurrte nun schon so laut, also entschloss er sich, zunächst diesen zu beruhigen, die Elfe hatte ja gesagt, sie wäre immer da, die Freundschaft konnte er also auch später festigen.

Als er so lostrabte erwachte der träumende Bär erneut, denn auch im Wachsein vermeldete sein Magen Hunger. Über all die wundersamen Traumerfahrungen hatte er aufs Fressen vergessen. Deshalb war es an der Zeit, seine Fettpolster wieder aufzufüllen.

Ein paar Fliegen landeten ganz von selbst in seinem offenen Maul und die Fische hatten sich an die Ruhepause schon so gewöhnt, dass sie ganz überrascht über den Platsch waren, den er in den Teich machte. So war es ihm ein leichtes, mit seiner Pranke sein Erholungsmahl aus dem Gewässer zu schleudern. Genüsslich verzehrte er einen nach dem anderen, während er darüber nachdachte, ob das Leben als Prinz überhaupt so erstrebenswert wäre, um herauszufinden, wie er wieder zurückverwandelt werden könnte.

Doch die Neugier auf dieses andere Dasein, darauf, was es bedeuten konnte, ein Mensch zu sein, war stärker. Auch wenn ihm sein anderes Ich nicht recht behagte, eigentlich wollte er gar nicht so sein wie dieser selbstgefällige Hochnäsige. Doch die Zauberin hatte ja gemeint, erst, wenn er »das einfache Leben genießen gelernt habe und jegliche Kreatur achte, würde er sich in seinen Träumen erinnern«. Und da er ja nun im Traum von seinem Prinzsein erfahren hatte, musste er wohl auch das andere gelernt haben. Für das kleine Bärengehirn war das erneut eine große Denkleistung und er schlief abermals ein, direkt auf der Wiese, weit weg von seiner schützenden Baumhöhle.

Währenddessen war die Kröte aus ihrem Schlammloch wieder hervorgekommen und hüpfte unbeholfen am Teichrand entlang. Sie hatte ihre Zaubersinne nicht eingebüßt und wusste noch sehr genau, warum sie in diese plumpe Gestalt eingesperrt worden war. Sie hatte den eingebildeten Prinzen verwunschen, ohne die Macht des Königs zu bedenken, der ähnliche staatstragende Überlegungen wie der verhinderte Freier angestellt hatte. Prinzessinnen waren üblicherweise Gegenstand von Reicherweiterungsüberlegungen. Den Luxus, an Vorlieben, Zuneigungen oder gar Liebe zu denken, konnten sich Staatsmänner wie er nicht leisten. Auch er hatte einst eine Prinzessin geheiratet, deren Eltern ihr Reich wohlbestallt weiterregiert sehen wollten. So hatte er sein Territorium erweitert und damit einträgliche Ländereien dazugewonnen. Ein Thronerbe blieb ein unerfüllter Wunsch, also war er bereit, sein Reich mit dem seines Nachbarn zu verbinden. Seine Tochter war ein kluges Mädchen, sie würde das verstehen, dachte er. Dass unter Umständen auch sie geeignet wäre, das Reich zu regieren, Derartiges zu überlegen kam ihm nicht in den Sinn.

Die Königin jedoch wollte das Schicksal ihrer Tochter nicht hinnehmen, hatte sie doch am eigenen Leib erfahren, was es bedeutete, wie eine Schachfigur gemäß strategischer Überlegungen herumgeschoben zu werden. Und den hochnäsigen Prinzen des Nachbarreiches wollte sie schon gar nicht als Schwiegersohn dulden müssen. Deshalb hatte sie nach der Zauberin gerufen und ihr aufgetragen, sich dem Prinzen in den Weg zu stellen. Sollte er – was kaum anzuzweifeln war – sich seinem Ruf gemäß herablassend anstellen, solle sie trachten, ihn aufzuhalten. Die Wahl der Mittel blieben dabei bei der allseits gefürchteten Magierin.

Als der König von den vereitelten Heiratsplänen erfuhr, war sein Zorn mächtig. Mächtiger als seine Angst vor dem Zauberer des Glasberges und dem Preis, den dieser verlangen würde. Der Fürst der Zauberkünste hatte schon lange darauf gewartet, seine Widersacherin aus dem Weg zu räumen, weshalb ihm der königliche Wunsch mehr als gelegen kam. Deshalb war seine einzige Bedingung, die Prinzessin solle ihm ein Jahr lang dienen.

Was dem einen recht war, war dem anderen billig, deshalb wurden die beiden Männer rasch handelseinig und der Magier verwandelte die ihm schon lange verhasste Zunftgenossin in die uns mittlerweile bekannte Kröte. Die sann auf Rache, doch war sie hilflos mangels Zauberstab, den ihr Feind an geheimem Ort verwahrt hielt.

Um ihr Werkzeug zurückzuerobern und damit ihre ursprüngliche Gestalt wiederzuerlangen, musste sie die Prinzessin aus dem Einflussbereich ihres Feindes schaffen. Dazu konnte ihr der Bär oder, besser gesagt, der Prinz, behilflich sein. Dass er das einfache Leben genießen gelernt hatte, war ihr nicht entgangen. Ihm also in Aussicht zu stellen, wieder Prinz zu werden und die Prinzessin für sich zu gewinnen war daher durchaus vertretbar. Als Bär wiederum würde er genau der Richtige für ihren Plan sein.

Während die Kröte sich also entschloss, den Prinz-Bären zum Helfershelfer zu machen, träumte der seine Geschichte weiter. Als Bär, mit der Krone als einzigem Erkennungszeichen seiner menschlichen Abstammung, der das einfache Leben zwischen Teich, Baumhöhle und Wiese jeden Tag aufs Neue genoss. Die Blumenelfe war tatsächlich seine Freundin geworden, von ihr lernte er viel über die Köstlichkeiten, die ihm die Natur bieten konnte aber vor allem, wie alle ihre unterschiedlich lange oder auch sehr kurze Lebenszeit verbringen konnten, wenn eines das andere achtete. Wenn eines davon bestimmt war, seinen hungrigen Bauch zu füllen, dann war das der Lauf der

Dinge und ganz in Ordnung. Doch plötzlich wurde alles dunkel, der Teich war verschwunden, die Blumen nur durch ihren Duft erahnbar, sein Bärenherz zog sich zusammen. Widerwillig und ängstlich öffnete er die Augen und sah, dass ein riesengroßer Schatten sich über sein Paradies gelegt hatte, als wolle er alles Leben daraus aussaugen.

Der Magier hatte seinen Schatten gesandt, um nach der Gefahr für seine Alleinherrschaft Ausschau zu halten. Eile war deshalb geboten. Zitternd vor Angst saß der Bär noch in der Wiese. So gut sie konnte hüpfte die Kröte zu ihm hin, nicht ohne Verwünschungen gegen die Gestalt auszuquaken, die ihr der Zauberer angetan hatte. Endlich war sie bei ihm angelangt, der ob des Schattenschauers schon wieder alles vergessen hatte und sich nun sehnsuchtsvoll der wieder auftauchenden Sonne zuwandte. Das Gequake der Amphibie schließlich weckte seine Erinnerung und erstaunt blickte er auf das Tier, das zuvor sich noch seinem Wunsch nach Antwort entzogen hatte.

Nun endlich erfuhr er alle Zusammenhänge, erkannte beschämt, dass sein Eingebildetsein diese Verkettung von Misslichkeiten verursacht hatte, und fragte erwartungsvoll nach der Lösung, für die er als Bär auserkoren war, mit der Aussicht, wieder Prinz zu werden und tatsächlich die Prinzessin für sich zu gewinnen. Er lauschte aufmerksam, um gleich darauf sich auf den Weg zu machen, denn Eile war geboten.

Bären können, wenn nötig, sehr schnell laufen, deshalb dauerte es nicht lange, bis er das Glasschloss erblickte. Glitzernd und unnahbar erhob es sich aus einer verkarsteten Landschaft.

Der Zauberer seinerseits mühte sich, aus den vielen Einzelbildern, die sein Schatten aufgenommen hatte, ein schlüssiges Ganzes zu erkennen. Er hasste nichts so sehr, als wenn seine Ahnungen ihn in Unruhe versetzten, gleichzeitig aber unklar blieben. Deshalb starrte er angestrengt auf die Bilder von Wiese, Teich und Bäumen und übersah in seiner Verkrampfung das Wesentliche. Denn Bär und Kröte waren in dieser Bilderflut nur winzige Pünktchen. Ein Klirren durchbrach sein Grübeln und ließ ihn hochschnellen.

Währenddessen saß die Prinzessin im angrenzenden Raum und beobachtete die Szene, denn durch die Glaswände konnte sie alles erkennen. Auch sie schreckte auf, als die Außenwand barst. Die Wände waren undurchdringlich, das hatte ihr der Magier deutlich gemacht, dennoch war es jemandem gelungen, das Glas zu zerbrechen. In tausend Scherben war es zerborsten, als der Bär einen Stein vom Teichufer dagegen warf. Dem darin gespeicherten Lebensglück konnte der Zauberbann nicht widerstehen.

Endlich konnte der Prinz seine Bärenkräfte einsetzen! Er drückte den vor Entsetzen erstarrten Zauberer zu Boden, bis dieser nach Luft japste. »Gib mir den Stab der Zauberin!«, »Nie und nimmer«, würgte dieser heraus, bis ihm die Pranke des Bären die Luft erneut abschnürte. Die Augen quollen ihm aus den Höhlen, da ließ das Pelztier wieder ein wenig lockerer. »Gib mir den Stab der Zauberin!« befahl er erneut. »Nie und nimmer« war abermals die Antwort. Erst nachdem er dem Magier ein drittes Mal die Kehle abgeschnürt hatte und dieser seine letzte Lebensminute anbrechen spürte, spuckte der den Zauberstab aus. Angewidert schnappte der Bär den Stab, wie einen der Fische, die er so liebte, und ließ den hilflosen Feind achtlos liegen.

Unverzüglich holte er die Prinzessin aus ihrem Glasverließ, packte sie um die Hüfte und lief eiligst davon, nicht ohne eine Muschel seines Teiches hinter sich zu werfen. Gerade war er auf dem Weg zur Kröte, da brach die Erde hinter ihm ein und der so entstandene Krater füllte sich mit Wasser und ertränkte Schloss und Schlossherrn.

Mit dem Tod des Magiers verloren auch dessen Verwünschungen ihre Kraft, deshalb erwartete bereits die Magierin den pelzigen Retter, diesmal jedoch nicht in Schwarz, sondern in einen goldstrahlenden Umhang gehüllt, ihr spitzer Hut glänzte rotgold und ihre wieder menschlichen Augen überstrahlten die ganze Erscheinung. Überglücklich übernahm sie ihren Zauberstab. Damit berührte sie den Bären, der sich augenblicklich in den Prinzen rückverwandelte. Die verdutzte Prinzessin starrte die beiden an, alles war so schnell gegangen, dass sie nicht mal zum Nachdenken gekommen war. Nun aber brach sie in Tränen aus. Das verwirrte den Prinzen – denn während er das einfache Leben schätzen gelernt hatte, verstand er von Frauen nach wie vor sehr wenig. Die Magierin weihte ihn ein, dass der Zorn über ihren Vater, der sie ungefragt verheiraten wollte und danach verkauft hatte, die Einsamkeit der Gefangenschaft sowie die unvermutete Befreiung und zu allerletzt noch ein Bär, der sie davonträgt, um kurz darauf als Prinz vor ihr zu stehen, einfach zu viel gewesen war und dieses Gefühlsdurcheinander nun in einem Tränenstrom aus ihr herausbrach. Sie würde sich schon wieder fangen und ihn als ihren Retter umarmen.

Der Prinz wiederum, der eben noch ein Bär gewesen war und nun die weinende Prinzessin zu ihren Eltern zurückgeleiten sollte, hatte ebenfalls zu tun, seine Verwirrtheit zu verbergen und als Held dazustehen. Sein Beschützerinstinkt jedenfalls ließ ihn die Prinzessin, die er zu ehelichen hoffte, sanft aufrichten, um sie sie zum elterlichen Schloss zurückzugeleiten. Ein kurzer Pfiff durch die Zähne ließ sein treues Pferd alsbald antraben, das lange reiterlos umhergelaufen war.

So konnte er standesgemäß ritterlich mit der Jungfrau durch das Schlosstor reiten, hielt, wie es sich gehörte, um ihre Hand an, wobei er dem künftigen Schwiegervater noch zuraunte, dass sie beide noch viel über Frauen zu lernen hätten. Der verstand zwar nicht so recht, was der Junge meinte, ließ es aber gut sein, denn alle waren wohlbehalten vereint und der Zauberer, dessen Existenz er zwar genutzt hatte, davon abgesehen aber lieber nicht in seinem Reich wissen wollte, war besiegt.

So wurde die Hochzeit mit allem Prunk gefeiert und die beiden lebten noch lange als glückliches Paar, das den Augenblick zu schätzen wusste und schließlich beide Reiche gemeinschaftlich und mit viel Umsicht regierte.

Rauhnächtliches Arbeitsverbot in neuem Gewand

Glück ist eine gute Gesundheit und ein schlechtes Gedächtnis – dieser Ausspruch wird sowohl Albert Schweitzer als auch Ernest Hemingway in den Mund gelegt. Er versinnbildlicht sehr schön, wie es dem Bären in meiner Geschichte erging, solange er von seinem Prinzsein noch nichts ahnte.

Unberücksichtigt bleiben im Zitat die schönen Erinnerungen, die uns begleiten und uns zum Weitermachen ermuntern. Wissenschaftler haben herausgefunden, dass das Gedächtnis die angenehmen Erfahrungen stärker verankert, unbequeme, unangenehme, vielleicht ekelerregende Erinnerungen werden eher verdrängt. Die Macht der Medien allerdings wirkt diesem Selbstschutzmechanismus entgegen, sie führen uns beständig die – ebenso selektive und damit einseitige – Welt der Brutalität, der Intrigen, der Korruption, der Gier, der Menschenverachtung vor Augen.

Nie war der Mensch so sehr den Bildern des Verlustes, des Kampfes, des Leids ausgesetzt wie seit der Zeit, in der die Bilder laufen lernten. Den Verzicht auf den Fernseher wählen immer mehr Menschen, was nicht zwingend Verzicht auf laufende Bilder bedeutet. Abo-Anbieter liefern die Bilder ins Haus, die wir selbst wählen, die Nutzung des Handys als Unterhaltungsmedium, aber auch Newslieferant hat unser Wahrnehmungsverhalten stark verändert.

Eine zeitgemäße Form, die Rauhnächte und das damit verbundene Arbeitsverbot zu würdigen, könnte also sein, gänzlich auf elektronischen Medienkonsum zu verzichten. Keine Videos, keine Nachrichten, kein WhatsApp (wer schreit jetzt auf?). Stattdessen bei Kerzenschein Musik lauschen, mal wieder Rilke oder andere Lyrik lesen, in den Wald gehen und *losen,* das heißt, den Stimmen der Anderswelt zu lauschen, sich Zeit nehmen für tiefsinnige Gespräche und meditative Innenschau.

Zeit für das Wesentliche

Für viele Menschen zählt Loslassen mit zum Schwierigsten, das sie zu meistern haben. Während des Schreibens habe ich zwei Menschen geistig vor Augen, die unterschiedlich erfolgreich danach streben loszulassen. Der eine, ein Mann, der seiner Lebensliebe nachtrauert, ist bereits auf gutem Weg. Sich die nötige Zeit zuzugestehen ist ebenfalls ein Teil des Erfolges. Mehr noch steckt eine Frau im alten Geleise fest, nach über 40 Jahren verlassen vom Ehemann, mit dem sie immer unglücklich war. Der Ärger über diese, nicht von ihr herbeigeführte Verlassenheit sowie das Hadern, für all ihren Einsatz weder von Mann noch Tochter bedankt worden zu sein, steht zwischen ihr und einer möglichen freudvollen, selbstbestimmten Zukunft. Auch ihr habe ich das Danken ans Herz gelegt und ihr mein Märchen vom *kleinen Danke* vorgelesen. Doch ohne den Willensentschluss, die alten Muster endlich abzulegen, kann es nicht gelingen. Ohne die Bereitschaft zur Veränderung bleibt alles beim Alten. Prüfen Sie also, ob Sie wirklich loslassen, ob Sie die scheinbare Sicherheit des bekannten Unglücks hinter sich lassen wollen. Gewohnheiten aufzugeben vermittelt vielen ein Gefühl, wie auf einem Seil über dem Abgrund zu gehen. Wer aber auf der anderen Seite angelangt ist, ist selig und wundert sich, wovor er sich gefürchtet hat.

Im Leben, das wir wenig märchenhaft erleben, wenn wir gar nicht dazu bereit sind, Überholtes aufzugeben, zwingen uns erschütternde Ereignisse, unsere Identität zu überdenken. Unzählige Lebensgeschichten erzählen von Einbrüchen, nach denen nichts mehr so war wie vorher. Meine Kollegin *Claudia Kloihofer-Haupt* berichtet in ihrem Buch *Signale des Körpers* von ihrem Motorradunfall, der sie zunächst ganz auf null stellte, sie zwang, sich etwa eineinhalb Jahre vor allem der Wiederherstellung ihrer Körperfunktionen zu widmen, um danach ein gänzlich neues Leben zu beginnen. Eines, das sie viel mehr zu sich selbst geführt hat, in dem ihre bis dahin verborgenen Fähigkeiten langsam aufblühen durften und eine neue berufliche Laufbahn ermöglichten. An der Entwicklung des Buches wirkte ich mit, nach etlichen Reflexionsgesprächen kristallisierte sich als wichtige Botschaft heraus, dass es meist viele Signale gibt, die uns zum Umdenken mahnen. Doch wer zu sehr im Trott verharrt – oft hindern uns Ängste ums Überleben oder etwa die (vermuteten) Wünsche von Angehörigen, oder auch nur die vermeintliche Sicherheit, die uns die Gewohn(t)heit vermittelt, etwas zu ändern – den ereilt in den meisten Fällen eine ähnliche Keule wie der Zauberstab der Magierin. Auch Claudias Körper war ihr entfremdet, mit einem bis zur Unförmigkeit angeschwollenen Arm. Viele Sportler, wie etwa Österreichs ehemaliger Skirennstar Hermann Mayer, sind nach Unfällen plötzlich zur Unbeweglichkeit verurteilt und finden erst nach langen und kräftezehrenden Anstrengungen zurück in ein bewegtes Dasein. In solchen Zeiten findet zwangsläufig Veränderung statt, man ist voll und ganz auf sich und den eigenen Körper konzentriert. Darin liegt eine besondere Chance.

Wenn wir rechtzeitig loslassen, wenn wir den Mut entwickeln, einen Neustart zu wagen, wenn wir derartige Einbrüche vermeiden können, ist ein kompletter Neustart oft gar nicht nötig. Loszulassen, was uns schon lange ein Klotz am Bein ist, was nicht dazu geeignet ist, unser Leben freudvoller, erlebenswerter zu empfinden, sollte schon reichen. Die Weichen neu zu stellen, um in ein anderes Geleise zu kommen, kann unglaublich heilsam sein.

Selbstverständlich haben wir dazu 365 Tage im Jahr Gelegenheit, doch wenn uns der Alltag und seine Dringlichkeiten davon abhalten, sind zumindest die Tage nach der Wintersonnenwende ein geeigneter Anlass, auch einmal wirklich Wichtigem Zeit und Raum zu schenken. Gerade die besondere Kraft, die Ritualen innewohnt, kann den entscheidenden Impuls bringen, um Altlasten endlich zu entsorgen und frei zu sein für ein neues Leben.

Ein voller Krug läuft über

Jede Entscheidung für etwas ist zwangsläufig eine gegen etwas anderes. Um Neues möglich werden zu lassen, muss Altes losgelassen werden. Ein Gefäß, das randvoll mit Wasser gefüllt ist, geht über, wenn ich neues hineinleere. Will ich frisches trinken, muss ich es vorher entleeren. In die Leere kommt die Fülle, heißt es im Feng-Shui. Deshalb stellt die Kundige eine leere Schale in den Reichtumsbereich (im gegenüberliegenden Neuntel des Raumes bzw. der zu betrachtenden Raumeinheit, gesehen vom Eingangsbereich) des Hauses, des Raumes, der Arbeitsfläche. Sie erinnert an die vielen Möglichkeiten des Lebens, die es reich werden lassen.

Es braucht schon ein wenig Mut, der kommt aber schnell, wenn die Alternative betrachtet wird: Wie geht es mir in einigen Jahren, wenn ich weitermache wie bisher? Mich auf neue Abenteuer einzulassen, dabei half mir die Selbst-Beruhigung, genährt durch Erfahrung: *Dir wird keine Aufgabe gestellt, die du nicht bewältigen kannst.*

Paolo Coelho schreibt in seinem Buch *Am Ufer des Rio Piedra saß ich und weinte*: *Wir können das Wunder des Lebens nur richtig verstehen, wenn wir zulassen, dass das Unerwartete geschieht.* Er meint darin, dass jeder Tag einen Augenblick bereithält, *in dem es möglich ist, alles zu ändern, was uns unglücklich macht.*

Auf meiner Facebook-Seite *creativelife & business* schrieb ich einen Dezember lang einen Adventkalender. Einer der Tagestipps war: *Nützen Sie den heutigen Tag, indem Sie Ihrem Körper liebevolle Aufmerksamkeit schenken. Ein Wellnessprogramm, ein entspannendes Duftbad können das Loslassen unterstützen, das Wunder geschehen lassen.*

Auch das kann ich loslassen: inneren Widerstand, Ideologien, Erwartungen, … Was fällt Ihnen dazu ein? Was in Ihrem Inneren lässt Sie schon Ihr Leben lang verharren in einem Zustand, der nicht zum Glücklichsein beiträgt? Jetzt ist die Gelegenheit zum Befreiungsschlag! Machen Sie es sich bewusst, welche Mahnung der Eltern, welche Erwartungen an sich selbst, welches einengende Sprichwort Sie immer wieder kleinhält, Ihr Selbstvertrauen schwächt, welche Ausreden Sie regelmäßig formulieren, um den Schritt ins Ungewisse nicht zu wagen. Schreiben Sie es auf, machen Sie dazu ein Bild, eine Collage, improvisieren Sie ein Musikstück, … Je deutlicher desto besser. Es darf auch wehtun. Bedanken Sie sich bei sich selbst, dass Sie so lange und treu daran festgehalten haben, bedanken Sie sich bei denen, von denen Sie es übernommen haben – es hat Sie bisher begleitet und Erfahrungen möglich gemacht, die nötig waren. Danken Sie den anderen, für die konsequente Erfüllung eines vielleicht undurchschaubaren Übereinkommens der Seelen. Das hilft, aus dem Kreislauf der

Vorwürfe und unerfüllten Erwartungen auszubrechen. Jetzt ist der Moment, loszulassen. Wenn Sie es aufgeschrieben haben, können Sie es schwärzen, das Bild übermalen, das vielleicht misstönende Musikstück in eine Melodie umkomponieren.

Bewährte Rituale für wirksames Abschließen

Sowohl ein Feuer zur Sonnenwende als auch zum Jahreswechsel kann rituell genützt werden, um das Loslassen deutlich zu machen. In Zeiten, als die Feuerstelle noch aus brennendem Holz mit einem darüber hängenden Kessel bestand, sind allerlei Rituale überliefert, bei denen das Holz des vergehenden Jahres das Feuer liefert, um das neue Holz anzufeuern. Das alte verbrennt, um neues zu nähren.

Nehmen Sie ein Stück Holz, hauchen Sie alles, was Sie verabschieden wollen, in dieses hinein und werfen Sie es mit dem Gedanken der Endgültigkeit hinein. Feuer verwandelt dauerhaft, chemisch, aus der Asche kann Neues entstehen, doch einmal Verbranntes kann nicht mehr zurückverwandelt werden.

Sanfter ist die Energie des Wassers, sie reinigt und schwemmt weg. *Nichts auf der Welt ist weicher als Wasser, doch gibt es nichts Besseres, um das Feste und Starke anzugreifen* wird *Lao Tse* zugeschrieben. Für jeden Glaubenssatz ein Steinchen, dieses können Sie in den nächsten Fluss werfen. Und verabschieden Sie es immer mit der oben erwähnten Dankbarkeit, unabhängig davon, wie sehr Sie sich davon belastet fühlen. Sie müssen gar nicht verstehen, wozu es Ihnen gedient hat, es hat es jedenfalls. Nun aber hat es ausgedient und darf aus Ihrem Leben verschwinden. Spüren Sie der Erleichterung nach, wenn es weg ist.

Der vielzitierte Weihnachtsputz hat nicht nur darin seine Wurzeln, dass Gäste kommen und man für diese ein Wohlfühlambiente schaffen (oder schlechte Nachrede vermeiden) will. Beziehungsweise doch: Denn für den Besuch der Percht sollte alles gesäubert sein, Spule und Spindel abgefädelt, denn in Schmutzhaufen und Woll- oder Flachsresten hätte sie sich sonst einnisten können. Diese Vorsichtsmaßnahmen stammen aus der bereits vom Christentum geprägten Zeit, denn weil der »Aberglaube« nicht ausgemerzt werden konnte, wurde das Bild der einstigen Göttin verzerrt. Augen wie Butzenscheiben, eine eiserne Nase, lange Zähne, zerlumpte Kleidung wurden ihr angedichtet, obendrein sagte man ihr nach, kleine Kinder zu stehlen. Die einstige Göttin hingegen führte die Seelen verstorbener Kinder nach Walhall. Im *Tag der unschuldigen Kinder,* am 28. Dezember, vereinen sich all diese Legenden mit der Erinnerung an das von Herodes angeblich veranstaltete Massaker. Heute gibt es Pfarreien, die diesen Tag nützen, um Familien, die eine Fehl- oder Totgeburt betrauern oder wenn das Kind kurz nach der Geburt verstorben ist, Raum zu bieten, sich Zeit zu nehmen für Erinnerung und Trauer, für den Abschied vom verstorbenen Baby. Ich finde, dies ist ein schönes Beispiel, wie die traditionellen Zuordnungen der Rauhnachtstage heutigen Bedürfnissen gemäß gelebt werden.

Schutz vor Unbill und Wecken der guten Geister: Räuchern

Rituell unterstützt wurde und wird das Loslassen auch durch das Räuchern. Es war fixer Bestandteil der Weihnachtsrituale auf Bauernhöfen, sowohl am *Thomastag* – dem Tag der Sonnenwende – als auch am 24. Dezember wird jede Stube mit dem Spruch *Glück ins Haus, Unglück hinaus* vor möglicher Unbill geschützt, ebenso die Ställe, das

Vieh und die Menschen, sogar der *Zelten,* das süße Brot aus getrockneten Birnen, das in der Folge für allerlei weitere Bräuche herhalten muss. Schließlich erreicht der Räuchersegen sogar die Obstbäume, mit *»Baum wach auf und trag, morgen ist der heilige Tag«* werden die Baumgeister geweckt. So berichtete es *Ludwig von Hörmann*, der in seinem 1909 erschienenen *Tiroler Volksleben* eine bunte Sammlung der in den österreichischen Alpen gebräuchlichen Sitten zusammengefasst hat. Für das Räuchern wurden Kräuter verwendet, die alle Kraft der Sonne in sich trugen, weil zwischen *großem* und *kleinem Frauentag*, auch *Dreißiger* genannt, geerntet. Somit wird in der Zeit, in der die Sonne wiederkehrt, ihre in den Pflanzen kondensierte Lichtenergie als Rauch verströmt.

Passende Räucher-Tage

Klassische Räuchertage sind der 21. Dezember (oder der 22., falls die Sonnenwende auf diesen fällt). Weiters wurde am 24. geräuchert, ebenso am 31.

Zumindest in Tirol war auch die Uhrzeit des »rachen« wesentlich, sie ließ auf eine frühe oder späte Ernte schließen. Jede Uhrzeit stand für den zahlenmäßig entsprechenden Monat, deshalb wurde bis spätestens neun Uhr abends geräuchert, denn eine Oktoberernte sollte unbedingt vermieden werden. Da kein Familienmitglied fehlen durfte, zogen oft lange Prozessionen durch alle Räume und Stallungen.

Am Tag der Percht, dem 5. Januar und/oder Dreikönig, am 6. Januar, wurde jedenfalls geräuchert, auch wenn die anderen Räuchertermine nicht mehr traditionell eingehalten wurden.

Manche räuchern jeden Tag, oder besser gesagt, jede Rauhnacht. Räuchern ist eine verhältnismäßig angriffige Methode, ungebetene

Geister aus dem Haus zu vertreiben, weshalb ich eher dazu neige, zwischen den Räuchernächten Pausen (s. dort) einzulegen, damit sich alles in Ruhe neu ordnen kann. Auch eine Kerze, auf einem mit Weihwasser benetzten Teller, hilft, die aufgescheuchten Energien wieder zu beruhigen, zu sammeln. Nehmen Sie dazu ein Teelicht, das können Sie getrost bis zu Ende brennen lassen.

Alle Räucherkundigen, die ich befragte, empfehlen, den reichen Schatz der heimischen Kräuter zu nutzen, dennoch darf auch der heilbringende Weihrauch verwendet werden, so eng sollte man es nicht sehen. Doch jedes Baumharz, besonders Fichtenharz wird genannt, kann ähnlich wirken. Insofern haben wir mit dem Harz des Weihnachtsbaums bereits die Dauerwirkung von Heil und Segen im Raum. Wer einen Ofen hat und das getrocknete Reisig in diesem Bewusstsein verbrennt, erzielt entsprechende Wirkung.

Vor der Auswahl der Rauchmittel ist es anzuraten, sich zu überlegen, welche Energien Sie sich einladen möchten, sagt die Kräuterkundige *Waldfee, Cornelia Presich.*

Zur Reinigung empfiehlt sie besonders Beifuß. Ergänzend Rainfarn, wenn Stress und unangenehme Konflikte bereinigt werden sollen.

Den Wunsch nach Glück und Freude kann Johanniskraut unterstützen, Kraft und Stärke bringen Brennnesselblätter oder gleich das ganze, geschnittene Kraut.

Wer mehr Liebe für das kommende Jahr einladen möchte, wählt die getrockneten Blätter von Rosen.

Holunderblüten und -mark unterstützen die Kommunikation mit der Anderswelt und die Lebensaufgabe zu erkennen oder den richtigen Zeitpunkt für eine Unternehmung. Mit Wacholder, dem klassischen Räuchermittel unserer Ahninnen gemeinsam verräuchert, ergibt es beliebtes Rauchwerk für die 12 *Gebnächte.*

Einen schönen Hinweis, wie wir der Welt der Pflanzen mit der gleichen Achtung wie unseren Mitmenschen begegnen, las ich über die indigenen Völker Kanadas. Vor der Ernte bringen sie den Pflanzen ein verbales Opfer, zum Beispiel als Gebet, Lied oder Dank. Wissenschaftler konnten bestätigen, dass Pflanzen hören können und hochempfindsam sind.

Von einem originellen Loslassbrauch, dem *Zeltenziehen*, berichtet Hörmann aus dem Oberinntal. Am 26. Dezember, Stephanstag und zweite Rauhnacht, gingen die jungen Burschen bis in die entlegensten Höfe und entwendeten alles, was nicht niet- und nagelfest war. Geräte ebenso wie Gewand oder Geschirr, teilweise ganze Wagenladungen voll. Alles wurde am Kirch- oder Brunnenplatz abgeladen. Erst am darauffolgenden Tag, dem Johannistag, konnten sich die Besitzer ihr Hab und Gut wieder zurückholen. Vielleicht blieb dabei das eine oder andere nicht mehr benötigte Stück über und fand neue Besitzerinnen oder Besitzer.

Ein weiterer Tag, an dem geräuchert wurde, war der 6. Jänner. Er folgt dem 5., der Nacht der Percht und ihrem Gefolge, in der sich auch die Tore zur Anderswelt schließen. Möglicherweise entstand dieser Räuchertag auch deshalb, um die letzten Geister der Anderswelt hinauszuräuchern. Jedenfalls war es überall wichtig, dass alle Familienmitglieder anwesend waren, fehlte jemand, so fürchtete man Unglück, Zwist oder gar den Tod der fehlenden Person. Dieser Räuchertag hielt sich am längsten, vielerorts wurde nur mehr am Dreikönigstag geräuchert, oft auch vermengt mit dem Dreikönigsbrauch, die drei Buchstaben C+M+B auf den Balken oder die Tür zu schreiben. Zu wem die Sternsinger kommen, bei dem darf bis heute der Rauch des Weihrauchs seine Reinigungs- und Segenswirkung entfalten.

Tatsächlich belegen Forschungsreihen, die noch nicht abgeschlossen sind, dass nicht nur Weihrauch desinfizierend und vorbeugend einsetzbar ist. Die heilende Wirkung des Baumharzes scheint jedenfalls vielversprechend zu sein. Rosmarin wiederum soll das Loslassen gut unterstützen, schreibt der Diplom-Betriebswirt *Friedrich Kaindlstorfer* in seinem Buch mit dem schlichten Titel *Räuchern,* in dem er auf Pflanzen eingeht, die wir quasi vor der Haustüre ernten und für das Räuchern trocknen können.

Je nach Zusammenstellung der Kräuter hat das Ritual grob- oder feinstofflichere Reinigungskraft. Am Tag nach den Rauhnächten ist dann wohl eher Beruhigendes, Abrundendes gefragt. Die Zeit nimmt wieder ihren gewohnten Lauf, die Arbeit wird aufgenommen, die Natur und die Jahreszeiten sorgen für die Einteilung.

Auch wenn immer weniger Menschen von diesem, stark durch das Wettergeschehen bestimmten Jahreslauf und daraus folgendem Wechsel von säen, wachsen lassen, ernten, ruhen lassen, so unmittelbar betroffen sind, sehen wir auch in Städten, wie und wann Pflanzen keimen, blühen, Früchte tragen. Mitten in Wien, in einer Nebenstraße, steht ein Kirschbaum, an dem sich alle laben können, die vorbeikommen. Wenn sich dann das Herbstlaub verfärbt und zu Boden fällt, ist der Kreislauf von Werden und Vergehen erneut in der Talsohle, die Zeit des Zusammenziehens beginnt. Wir Menschen ziehen uns verstärkt in Innenräume zurück, die dunkelste Zeit des Jahres und die mit ihr einhergehende Kälte lässt uns eine dicke zweite Haut um uns legen, wenn wir das Haus verlassen.

Ich denke, in Zeiten des scheinbar nicht mehr aufhaltbaren Klimawandels wäre die Energie der Rauhnächte auch sinnvoll nutzbar, um sich Gedanken zu machen, welche liebgewonnenen oder auch nur bequemen Annehmlichkeiten bereitstehen, losgelassen zu werden, um die Welt für künftige Generationen lebbar zu erhalten.

„Geh deinen Weg und lass die Leute reden

DANTE ALIGHIERI

3. Kapitel

Neustarten

Die überlieferten Bräuche der Rauhnachtsrituale sind überwiegend geprägt von dem Wunsch, etwas über die Geschehnisse im bevorstehenden Jahr zu erfahren. Ob Erntechancen, Wettergeschehen, Gesundheit oder Todesfall, ob geheiratet wird oder nicht, für alles finden sich Orakelmethoden. Es ging um die zu erwartende Ernte, denn das Überleben war oberstes Ziel. Aber auch die Aussicht auf Familiengründung, denn diese sicherte den Fortbestand der Menschheit. Vieh und Feld, sogar die Elemente wurden »gefüttert«, um reiche Ernte und Gedeihen zu unterstützen.

Der griechische Philosoph *Aristoteles* sagte: *Der Anfang ist die Hälfte des Ganzen*. Nach wie vor ist der Anfang des Jahres Anlass, sich Gedanken zu machen darüber, was uns im Neuen Jahr erwartet und was wir zu unterlassen oder zu tun gedenken. Statt Vorsätze zu machen, könnten Sie doch diesmal überlegen: Wohin soll die Reise dieses Jahr gehen?

Über eine ganz besondere Reise erzählt das letzte Märchen dieses Buches vom eingangs erwähnten Drachen. Da meine Geschichten beim Schreiben entstehen und mich immer selbst überraschen, ist dieser Drache flugunfähig, ebenso seine Verwandtschaft. Das ist das Schöne an Märchen, alles ist möglich und kann auch unlogisch oder zumindest ganz anders als gewohnt sein.

Der Drachenfelsen

Es war einmal ein kleiner Drache. So klein, dass er in eine Zündholzschachtel gepasst hätte, hätte es so etwas damals bereits gegeben. Aber zu seiner Zeit, da gab es nur Feuer, wenn der Blitz einschlug. Und wenn es lichterloh brannte, liefen alle Tiere davon, in größter Angst. Nur der kleine Drache, der blieb und konnte sich gar nicht sattsehen. Er hockte in einem Erdloch, über ihm prasselten die Flammen und er schnappte danach, um sich innen wie außen zu wärmen. So klein er war, hatte er doch eine dicke Haut, da dauerte es eine Weile, bis er die Wärme spürte. Wenn das Feuer alles niedergebrannt hatte und langsam erlosch, dann hustete er ein wenig, wobei winzige Flammen hervorstießen. Doch nach kurzer Zeit war es wieder vorbei mit dem feurigen Husten und nicht einmal der allerkleinste Funke wollte seinen winzigen Lungen entweichen. Betrübt trottete er über die aschige Erde, betrachtete die verkohlten Baumstämme und zählte die Insekten und andere Kleinlebewesen, die dem Feuer nicht rechtzeitig entkommen waren. Einige dieser Fliegen und Mücken steckte er sich gedankenverloren in den Rachen, er bemerkte gar nicht, dass er so seinen Hunger stillte. Nach einigen dieser Feuersbrünste war der kleine Drache ein winziges Stück größer geworden, dies fiel ihm auf, denn nun diente ihm ein Felsen als Feuerschutz, das Erdloch war ihm zu klein geworden. Auch die Flammen, die er hustend ausstieß, wurden kräftiger und es gelang ihm, das innere Feuer etwas länger aufrecht zu erhalten. Nun fühlte er sich mächtig und beschloss, die Welt zu erkunden. Denn weit und breit war er der einzige Drache, die anderen Tiere liefen vor ihm davon, mit Ausnahme eines kleinen Vogels, der sich nicht fürchtete, denn wenn der Drache eine seiner Flämmchen ausstieß, flog er einfach etwas höher. Der Vogel erzählte dem Drachen von fernen Ländern, großen Gewässern und karstigen Gegenden, wo er Drachen gesehen hatte, die um vieles größer waren als sein Zuhörer. Der kleine Drache war begierig, diese Artgenossen kennenzulernen, gleichzeitig hatte er etwas Angst, sie könnten ihn einfach zertreten oder gar für ein großes Insekt halten. Im Bauch eines seiner Verwandten wollte er nun wirklich nicht enden! Deshalb hielt er weiterhin nach Gewittergegenden Ausschau, der Vogel flog voraus und berichtete ihm, wohin er gehen müsse, um die stärkende Feuernahrung zu finden. Mit jedem Blitz, den er erreichte, wuchs er ein weiteres Stück, wurde kräftiger und bald schon konnte er das innere Feuer so lange aufrechterhalten, dass er sein eigenes Feuer entfachen konnte. Allerdings hinterließ er dabei große Flächen der Verwüstung. Der Vogel schalt ihn, dass er auf diese Weise schließlich alles Lebendige vernichten würde. Doch der Drache hatte nur sein Wachstum und die Flammen im Sinn, er meinte, er könne nirgends ein Ende der Welt entdecken, es würde wohl noch genügend übrig bleiben. Der Vogel bedauerte, dass er dem einst kleinen Freund zu so zerstörerischem Wachstum verholfen hatte, längst war der so groß geworden, dass er selbst wie eine kleine Warze auf dessen schrumpeliger Haut wirkte, wenn er dort rastete. Glücklicherweise betrachtete ihn der Drache immer noch als Freund, außerdem wäre ihm der Vogel als Nahrung inzwischen ohnedies viel zu klein gewesen.

Eines Tages sagte der Drache: »Ich denke, nun bin ich groß genug, um meinen Verwandten ungefährdet begegnen zu können. Sag mir doch, kleiner Vogel, in welche Richtung muss ich gehen?« Der flog davon und kam erst nach vielen Tagen und Nächten wieder. »Ich habe sie gefunden, deinesgleichen. Siehst du dort, am Horizont, die hohen kahlen Berge? Über diese musst du steigen, danach kommt ein Tal mit einem tiefen reißenden Fluss, am anderen Ufer weitet sich eine Ebene. Wenn du diese durchwandert hast, dann erhebt sich vor dir eine Felswand. Viele Löcher führen in ihr Inneres, ein weitverzweigtes Höhlenland durchfurcht den Riesenfelsen. In jeder Höhle haust ein Drache. Wenn es dunkel wird, kommen sie mitunter aus ihren lichtlosen Behausungen und veranstalten ein Feuerwerk. Darauf musst du warten und auch deine Feuerkünste zum Besten geben. Wenn sie den anderen gefallen, werden sie dich aufnehmen als ihresgleichen.« Insgeheim aber hoffte der Vogel, dass der landvernichtende Drache von seinesgleichen verspeist werden würde, damit sich das Land wieder erholen, neue Gräser und Bäume wachsen und die vielen kleinen und großen Tiere sich erneut vermehren konnten. Er selbst hatte nur überlebt, weil sich allerlei Insekten in der durchfurchten Drachenhaut eingenistet hatten, so bekam er zumindest seine Ration ab. Der Drache wiederum freute sich über die Wegbeschreibung, er war nun schon so lange in vielen Landstrichen unterwegs gewesen, dass ihm die geschilderte Reise nicht sonderlich beschwerlich erschien. Ein letztes Mal verabschiedete sich der Vogel von seinem Weggefährten, in das feurige Land der Drachen wollte er ihn nicht begleiten. Doch versprach er, wenn der Mond zwölfmal verschwunden und wieder voll geworden war, nach ihm zu sehen. Das gefiel dem Drachen und er trennte sich beherzt von seinem kleinen Ratgeber.

Nun aber ging es los, das Gebirge näherte sich mit jedem Schritt, den er, manchmal laufend, manchmal halb schlafend träge vor sich hin tapsend, in Richtung Drachenfelsen setzte, sein Ziel beständig im Auge. In den schläfrigen Phasen hielt er immer eines offen, so konnte er nicht irre gehen. Er war so begierig, sein Ziel zu erreichen, dass er sogar aufs Feuerspeien vergaß, und als er den Berg schließlich erreichte, fühlte er sich matt und erkältet. Er musste sich sehr anstrengen, um wenigstens einige Flammen hervorzupressen, nur wenig strohiges Gras konnte sein Feuer nähren und so kam er bloß mäßig zu Kräften. Deshalb beschloss er, erstmals seit Antritt seiner Reise ins Höhlendrachenland, beide Augen zu schließen und wieder einmal richtig zu schlafen. Der Mond war gerade ganz vom Himmel verschwunden, tiefste Finsternis umhüllte ihn, er steckte seinen Kopf zwischen die Beine und fiel augenblicklich in tiefsten Schlummer.

Als er erwachte stand die Sonne hoch oben im Zenit und bestrahlte die Spitzen des Gebirges, sodass diese glänzend zurückleuchteten. Der Drache musste seine Augen abwenden, er wäre sonst erblindet. Da dachte er: Wenn diese Berge so viel Glut in sich tragen, dass sie so hell glänzen, ist das genau der richtige Ort für mich. Die Aussicht auf einen glühenden Weg entfachte sein inneres Feuer, er stieß ein paar Feuerwolken aus und machte sich frohgemut und erwartungsvoll auf, die vor ihm liegenden Höhen zu erklimmen. Mit seinen platten und breiten Füßen hatte er Mühe, sich hinaufzuziehen, doch die Saugnäpfe an den Fußsohlen bewahrten ihn davor, abzugleiten. Denn tatsächlich hatte sich der Untergrund rasch verändert, ihm unbekannte feuchte Glätte benetzte seine Sohlen, doch durch die dicke Haut spürte er noch nichts von der Kälte, die von den vereisten Schollen ausging. Die Sonne schickte sich derweilen an, unterzugehen, das ermöglichte ihm, seine Augenlider weiter als einen Spalt zu öffnen und den Weg, den er noch vor sich haben würde, zu begutachten. Wohin er blickte umgab ihn eine Eislandschaft, ihm bisher unbekannt, weshalb er sie weder zu benennen noch um ihre Eigenschaften Bescheid wusste. Die erhoffte Glut blieb aus, lediglich die letzten Sonnenstrahlen wärmten noch seinen Rücken. In ihrem Schein fand er sogar ein wenig Muße, die Schönheit der glänzenden Bergzinnen sowie den Ausblick auf die von ihm zuvor durchwanderte Ebene zu werfen. Gleichzeitig nahm er die verkohlten Baumleichen wahr, die seinen Weg säumten und sich deutlich vom satten Grün des Waldes abhoben, der, weit genug entfernt, seiner Verbrennungswut entgangen war. Dort, wo es grünte, konnte er viele fliegende Wesen wahrnehmen, die seinem Freund glichen, und an den Rändern sah er etliche andere, ihm bisher unbekannt gebliebene Tiere. Er erinnerte sich der Schelte seines gefiederten Begleiters und ein kleiner Schmerz erreichte sein winziges Herz, das fest verschlossen in seiner Brust lag, dort, wo seine Haut am dünnsten und er verletzbar war. Doch rasch schüttelte er diese Gedanken ab und erinnerte sich seines Reisezieles. Es würde bald Nacht sein, die er zwar nicht fürchtete, ganz im Gegenteil, da fühlte er sich in seinem Element, doch musste er alle Aufmerksamkeit auf den Weg lenken, um zielsicher vorwärtszukommen. Er wand sich durch die Eisspitzen, während die Kälte begann, sich durch seine Haut hindurchzufressen. Schnell stieß er eine seiner Stichflammen aus, und sogleich begann das angehauchte Eis zu zerrinnen. Erstaunt beobachtet der Drache dieses Schauspiel und erprobte sich erneut als Flammenwerfer. Begeistert schmolz er einen Eiszipfel nach dem anderen ab, doch schließlich ließ ihn ein spitzer Schrei innehalten. Rund um ihn sah er Pfützen, statt Eis reckten sich nun felsige Zacken gegen den inzwischen tiefroten Himmel, und in einer der Wasserlacken ruderte ein Wesen, ähnlich klein wie sein gefiederter Freund, mit Armen und Beinen um sein Leben. Der Drache wollte niemandem etwas Böses, er machte sich nur keinerlei Gedanken über die Auswirkungen seiner Handlungen. Neugierig näherte er sich deshalb dem zappelnden Vierfüßler und blies aus seinen Nüstern über die Wasserfläche. Das Zappelwesen schrie erst recht, denn die heiße Luft aus der Drachennase war dem Eisgnom, als würde unsereins über ein Lagerfeuer gehalten. Andererseits hatte ihn der Luftstrom an den Rand der Pfütze befördert und er konnte sich an einem der Felszacken festhalten, kletterte dort eiligst aus der Lacke und begann augenblicklich aus Leibeskräften zu schimpfen. »Du feuriges Monster, nicht nur, dass deinesgleichen im Eis überhaupt nicht das Allergeringste verloren hat, bist du wohl das ungezogenste und rücksichtsloseste Schuppentier, dem ich je in meinem Leben begegnet bin. Und das will was heißen, mich gibt es schon fast so lang wie diese Felsen und das Eis. Noch nie wurde es abgeschmolzen, doch du, der offenbar nur an sich denkt, hast es in einem Augenblick weggeschmolzen! Hast du überhaupt irgendeinen Anstand, denkst du jemals nach über dein Tun? Bist du dir überhaupt klar darüber, dass auf dieser Welt noch andere Lebewesen als du existieren und jedes seine Bedürfnisse hat und wir nur gut existieren können, wenn jedes auf das andere Rücksicht nimmt?« Der kleine Wicht hatte sich derart in Rage gebrüllt, dass ihm die Luft auszugehen drohte. Der Drache hatte ihn mit kugelrund geweiteten Augen dabei beobachtet, fasziniert über die Urgewalt, die aus einem derart kleinen Wesen herausbrechen konnte. Der Inhalt der Tirade war dabei gänzlich an ihm oder besser durch ihn hindurch gegangen, er verstand überhaupt nicht, was der Kleine von ihm wollte und was ihn so wütend machte. Er meinte, der Winzling solle doch viel eher froh sein, dass es endlich einmal weniger kalt war, wer weiß, ob er je zuvor seine Arme und Beine so heftig bewegen hatte können, nachdem er sein bisheriges Leben in dieser eiskalten Welt zugebracht hatte! Deshalb und weil er ja an und für sich wenig Erfahrungen hatte mit anderen Lebewesen, watschelte er in seiner rollenden Art durch die Pfütze, aus der der Kleine eben erst entkommen war – dank seines heißen Atems, stellte er für sich zufrieden fest – um ihm näher zu kommen. Er wollte ihn genau sehen und, vielleicht, ja sogar Freundschaft mit ihm schließen. »Bleib mir vom Leibe, du schnaubendes Ungeheuer, sonst rufe ich meine Eisarmee, die lassen dich schockgefrieren!«, schrie der Winzling. Erstaunt blieb der Drache stehen – der Kleine meinte es wohl ernst und mit Freundschaft schien er ganz und gar nichts am

Hut zu haben, das verstand auch das doch eher einfache Drachengehirn. »Schade«, murmelte er vor sich hin, »wirklich schade. Ich wäre gerne dein Freund geworden.« Auch wenn er es nur für sich gemurmelt hatte, der Eisgnom hatte es gehört und war zutiefst irritiert. Er hatte sich die Seele aus dem Leib gebrüllt, dem Riesenreptil alles vorgeworfen, was nur vorzuwerfen war, und der wollte sein Freund sein? Was in aller Welt ging in diesem kleinen Gehirn bloß vor? Er wusste nicht viel über die Riesenechsen, sie lebten fernab in einem Felsmassiv, doch weil er bereits sehr alt war hatte er auch Zeiten erlebt, in denen die Drachen umherzogen und überhaupt viel mehr Bewegung und Austausch zwischen den Arten stattfand. Dass die Drachen dabei auf Freundschaft erpicht gewesen wären, daran konnte er sich jedenfalls nicht erinnern. Immer hatten sie eine Spur der Verwüstung hinter sich gelassen und seinesgleichen hatte hinterher alle Hände voll zu tun gehabt, die zerstörte Natur wieder aufzupäppeln. Irgendwann schließlich hatte er genug von dieser Sisyphusarbeit – ja, diesen Göttersspross hatte er auch einst kennengelernt und befunden, dass er selbst schlau genug war, sich nicht derart knechten zu lassen. Deshalb war er ins Gebirge gezogen, hier konservierte das ewige Eis alles, was es bedeckte. Über einen Stollen ins Erdinnere gelangte er in eine Höhle, in der es sich gut sein ließ, Mutter Erde wärmte die Stube, über einen extra Schacht, der mit glatten Steinen ausgelegt war, wurde das Sonnenlicht ins Innere des Erdlochs gelenkt und die Samen, die unter dem Eis geborgen waren trieben verkehrt herum, also in seine Stube hinein, aus. So war er gut versorgt und sorglos. Bis heute, denn da überflutete ein nicht enden wollender Wasserfall seine Wohnstatt und er musste sich beeilen, um nicht in den Wassermassen zu ertrinken. Da saß er nun am Rande des Sees, der sein Zuhause unter Wasser gesetzt hatte, pudelnass und zitternd vor Kälte und ihm gegenüber ein schuppenbesetztes Riesentier, das bedauerte, nicht sein Freund sein zu können!

Die Eisarmee gab es gar nicht, das war ihm grad nur so eingefallen, um den für ihn unbesiegbaren Feind vielleicht in die Flucht schlagen zu können. Und nun musste er entdecken, dass der Drache gar nicht bösartig war, vielleicht nur tollpatschig? Er schüttelte sich, um die Nässe aus seiner Kleidung zu schleudern, bevor sie zu Eis würde und ihn zum Zapfen werden ließ. Er wollte das Schuppentier keinesfalls bitten müssen, ihn aufzutauen.

Der Drache hatte inzwischen den Winzling beobachtet, für ihn war ja alles neu und unbekannt, und als sich dieser schüttelte, musste er sogar ein wenig lachen, der Kleine sah doch recht komisch aus. Auch dieses Gefühl war neu für ihn, es gefiel ihm, er spürte, dass in seinem Inneren, nahe dem bereits erwähnten kleinen Herzen, die Wärme angefacht wurde, doch er hielt sich zurück, sie nicht erneut als Flammen auszustoßen. Nur ein wenig heißer Atem entwich seinem Maul, und der Kleine trachtete, sich darin zu wärmen, ohne den großen Störenfried es merken zu lassen. Denn keinesfalls wollte er sich die Blöße geben, diesem zu zeigen, dass seine ungezügelte Energie sogar zu etwas gut sein konnte. Dieses Versteckspiel war ein wenig herausfordernd, aber er zählte auf die Einfalt des Reptils. Langsam trocknete sein Gewand und er konnte sich auf anderes als das nackte Überleben besinnen. Ganz so einfach gestrickt, wie der Wicht meinte, war der Drache nun doch wieder nicht. Jedenfalls bemerkte er, dass der Kleine ruhiger wurde und sein Ärger offenbar verrauchte. Nachdem er aufgehört hatte, an seiner Kleidung herumzuzupfen und zu -glätten, nahm der Große sich ein Herz und versuchte noch einmal sein Glück. Doch wie sollte er ihn ansprechen? Wenn er das Wort *klein* benutzen würde, fühlte sich der andere womöglich herabgesetzt, ihn *Kleiner Mann* oder so ähnlich zu nennen fiel also weg. Eindeutig war er auch kein Vogel, sonst wäre er bestimmt aus dem Wasser hochgeflogen. Ganz abgesehen davon, dass sein gefiederter Freund es durchaus genossen hatte, in einer Pfütze herumzuplantschen. Seine neue Bekanntschaft schien hier auf dem Berg zu wohnen, also versuchte er es einmal so: »Lieber Bergbewohner, ich bin auf der Reise zu den Drachenfelsen, um endlich auch andere meiner Art kennenzulernen. Hier bin ich das erste Mal und überhaupt hatte ich bisher nur mit einem kleinen Vogel Kontakt. Der allerdings rügte mich ebenfalls, wenn ich zu viel verbrannte. Ich schenkte dem nie Beachtung, denn für den Fliegenden war es ja ein Leichtes, sich einen neuen Baum zu suchen, auf dem er rasten konnte. Das Ende der Welt konnte ich nie entdecken, was also machte es aus, wenn rund um mich Bäume und Wiesen ein wenig weggebrannt wurden? Nun mahnst du mich, auf Lebewesen Rücksicht zu nehmen, von deren Existenz ich kaum etwas weiß, geschweige denn bin ich ihresgleichen je begegnet. Aber ich denke, ich muss etwas darüber lernen, bevor ich zu den anderen Drachen weiterziehe. Du scheinst viel zu wissen, willst du mein Lehrer sein?« Der Winzling musste seinen Kopf nach hinten drücken, um dem Drachen ins Gesicht sehen zu können, denn dieser war nun direkt über ihm und blickte ihn aus neugierigen und gleichzeitig etwas betrübten kugelrunden Augen an. Nichts von der ihm bekannten Hinterhältigkeit der Drachen war darin zu entdecken, der vertrauensvolle Blick eines zu groß geratenen Kindes sah erwartungsvoll zu ihm herab. Das stimmte ihn milder, offenbar hatte die Riesenechse einfach nie gelernt, wie man sich zu benehmen habe. Er wollte die Bitte gern erfüllen, das einsame Leben in der Höhle und zwischen Eisfelsen war auch schon recht eintönig geworden, diese Abwechslung würde ihm gut tun. »Nun gut, du scheinst wirklich einen Lehrer zu brauchen, also lass es uns versuchen. Doch dafür muss ich in eine bequemere Position gelangen. Hebe mich daher auf deine Schulter, dann bin ich nahe deinem Ohr und sehe die Welt aus deiner Perspektive, das wäre hilfreich.« Erneut spürte der große Tollpatsch sein winziges Herz und die Hitze in seinem Inneren steigerte sich, aber er hielt sich zurück, um die noch verbliebenen Eisspitzen zu schonen. Gleichzeitig hatte er damit bereits seine erste Frage an den neuen Gefährten: »Sag, wenn in mir das Feuer so brennt, was soll ich deiner Meinung nach damit tun, damit es keinen Schaden anrichtet?« Der Kleine überlegte. »Nun, unter der Erde liegen allerlei Schätze, die durch Hitze geschmolzen werden können. Aus dieser so befreiten Masse könnten Wichte wie ich Werkzeuge und andere Nützlichkeiten schmieden. Du könntest das Feuer gezielt einsetzen, statt einfach wahllos, wo du gerade bist, Bäume niederzubrennen oder Eis zu schmelzen. Zum Beispiel könnten die Wohnhöhlen in der kalten Jahreszeit erwärmt werden, wenn an einer Stelle Hitze eingeblasen und die erhitzte Luft durch entsprechende Stollen durch das Erdinnere geleitet würde. Wir könnten dich zum Oberheizmeister ernennen. Dann hättest du eine wichtige Aufgabe und wir müssten nicht frieren.« Das gefiel dem Drachen, doch er fror bereits jetzt, denn die eisige Landschaft gedieh nur in einer eisigen Umgebung, trotz der Sonne, wenn sie herabstrahlte. Das sah der Eisgnom ein und er wies dem Urtier den Weg hinunter, auf der diesem noch unbekannten Seite des Gebirges, hinter dem die vom Vogel beschriebene Ebene wartete. Auch für den Winzling war dies unbekanntes Gebiet, doch hoch oben, neben dem Drachenohr, fühlte er sich sicher und seine Neugier freute sich auf Erlebnisse, die er nach bereits so langer Lebenszeit noch erfahren würde.

Hinab ging es nun auf der sonnenlosen Seite des Gebirges, inzwischen war es ohnedies beinahe Nacht, doch den Weg mussten sie nicht suchen. Auf den Eisschollen rutschte der Drache auf seinem Hinterteil hinunter, was beiden großen Spaß bereitete. Und schnell ging es obendrein, kaum waren sie gestartet, waren sie auch schon wieder angekommen. Im Rücken die Bergkette, vor sich der reißende Fluss und am gegenüberliegenden Ufer die sich endlos weitende Ebene. Was für ein Schauspiel! Der Wicht rückte dem Drachenohr ganz nahe und flüsterte: »Auch ich kenne diesen Teil der Welt noch nicht, lass uns achtsam und vorsichtig weiterziehen. Ebenen sind gefährlich, man kann sich nicht so leicht verstecken, besonders so ein Ungetüm wie du fällt hier sehr auf.« Da lachte der Drache: »Ha, da könnte mein Feuer doch endlich mal hilfreich sein. Wenn uns wer feindlich gesinnt ist, reicht wohl eine Stichflamme und schon jag ich ihn in die Flucht!« »Da ist was Wahres dran«, dachte der Kleine, aber er hielt sich zurück, um des Drachen Übermut nicht anzustacheln.

Zunächst aber galt es, den reißenden Fluss zu überqueren. Der Kleine bat den Großen, einen dürren Ast zu entzünden, der diente ihm als Fackel. Er sah sich um und bemerkte, dass das Drachenfeuer erneut nutzbringend wäre. »Die großen Bäume ein wenig flussabwärts, die wären eine geeignete Brücke. Wenn du dein Feuer zähmen kannst, könntest du sie oberhalb der Wurzel abbrennen, dann fallen sie von selbst über den Fluss. Auf ihnen gelangen wir gut ans andere Ufer. Doch auf der anderen Seite sind wir ungeschützt, wir sollten die Nacht noch in den Bergspalten verbringen. Sobald die Sonne erwacht, kannst du dein Feuer erproben. Das war auch dem Drachen recht, und beide fielen rasch in tiefen Schlummer.

Im Dämmerlicht des frühen Morgen machte sich der Drache begeistert ans Werk. Vorerst erprobte er die richtige Dosierung seiner Flammen an einigen Büschen, danach war es fast ein Kinderspiel und bald lagen drei Baumriesen über den Fluss gebreitet und er konnte wohlbehalten den Fluss überqueren. Sein kleiner Lehrer genoss indessen den Ausblick. Dann lag sie vor ihnen, die Steppe. Die Morgensonne tauchte sie in goldenes Licht und das Leben war bereits in vollem Gang. Der Drache konnte gar nicht aufhören zu staunen, so viele große und kleine Tiere waren geschäftig unterwegs, einige Herden hatten sich am Flussufer versammelt, um ihren Durst zu stillen.

»Siehst du, all diese Tiere bevölkern dieses Land. Wenn du es mit deinem feurigen Atem versengst, verlieren sie alle ihre Heimat.« Der Drache senkte betroffen den Kopf, der Mahner hatte alle Mühe, nicht hinunterzupurzeln, aber eisern klammerte er sich an den Ohrläppchen fest. »So habe ich das noch nie betrachtet« sprach der Drache nach einer Weile, den Kopf hatte er inzwischen wieder gehoben und der Kleine konnte sich entspannen. Größere Tiere waren immer nur fern von mir, ich konnte sie nie kennenlernen. Jetzt tut es mir sehr leid, dass ich so selbstsüchtig war und die Mahnungen des Vogels in den Wind geschlagen habe.« – »Nun gut, aber jetzt weißt du es und wirst es wohl auch nicht vergessen. Komm jetzt, wir wollen uns nicht länger aufhalten, ich traue dem augenscheinlichen Frieden hier nicht.« Der Drache trabte los, den Reiter warf es ordentlich hin und her und hätte er davon gewusst, wäre er wohl seekrank geworden. Doch Schiffe gab es noch keine und das Wort wurde erst viel später erfunden. Also fühlte sich der Eisgnom nur durchgeschüttelt und träumte noch lange danach von einer vor ihm auf- und abhüpfenden Landschaft.

Lange Zeit waren sie unterwegs, am Horizont flimmerte die Hitze der Sonne, der Höhlenfels war nirgends auszumachen. Die Weite schien kein Ende zu nehmen und allmählich verließen die Kräfte den unermüdlich laufenden Drachen. Plötzlich blieb er wie angewurzelt stehen. Direkt vor ihm tat sich ein Graben auf, steil gingen die lehmigen Wände hinunter in den Abgrund. Die gegenüberliegende Kante war unerreichbar, selbst der höchste Baum, wäre einer dagestanden, hätte den Graben nicht überbrücken können. Der Drache erinnerte sich der Wegbeschreibung seines Vogelfreundes und ärgerte sich, dass dieses Hindernis, wohl weil er es überfliegen konnte, dem Vielflieger entgangen war. Jedenfalls war hier der kleine Mann gefragt, denn er konnte sich leicht von einer Wurzel zur anderen hanteln und die unterirdischen Wege waren sein Reich. Er hieß seinen Schüler zu warten, da hier rundum nichts wuchs erlaubte er ihm sogar, ein wenig Feuer zu pfauchen, sollte er es gar nicht zurückhalten können. Doch der Drache hatte ohnedies zu tun, wieder zu Kräften zu kommen und war über die erzwungene Pause gar nicht unzufrieden. Also hob er den kleinen Mann hinunter, der alsbald in einem Erdloch verschwand.

Als er wiederkehrte war er nicht mehr allein. Eine Schar lehmiger kleiner Männer und Frauen begleitete ihn. Sie alle wollten den Drachen, der freundlich war und sich von einem Wicht belehren ließ, mit eigenen Augen sehen. Sie wuselten um ihn herum, kletterten auf seinen Schwanz und seine Füße, strichen über seine Haut und ein ganz Vorwitziger wollte sogar eine Flamme sehen. Ängstlich wichen sie alle zurück, als er eine ganz kleine – er wollte ja niemanden verbrennen – ausstieß. Der Drache beobachtet die vielen kleinen Wesen einigermaßen verwirrt, und als alle in erschrockener Entfernung sich zusammendrängten suchte er nach seinem Lehrer, denn noch wusste er nicht, wie es weitergehen konnte. Der schritt nun mit stolzgeschwellter Brust auf seinen Schüler zu, endlich konnte er seinen Artgenossen vorführen, was er für ein Held er war! Der Drache hob ihn hoch und ein großes »Oh« schwappte aus der Gruppe der Lehmwichte zu ihnen herüber. Das kleine Herz des großen Drachen erwärmte sich erneut, es war gut, den Ratgeber an seinem Ohr zu wissen. »Du musst unterhalb der Schlucht hinüber, meine Leute kennen einen Krater, der einen Weg ins Erdinnere freigibt, durch den auch du passen solltest. Wo es zu eng ist, graben bereits viele von ihnen den Weg breiter. Du musst nur ein Stück Weges die Schlucht entlanggehen, ich halte Ausschau nach dem Busch, der den Eingang markiert.

Das Kraterloch war umgeben von dornigem Gesträuch, um ungebetene Eindringlinge fernzuhalten. Dem Drachen hatten sie erlaubt, sich eine Schneise freizubrennen, eifrige Pflanzwichte waren hinterher zur Stelle und setzten Ersatzbüsche, um die Lücke augenblicklich wieder zu schließen. Ein Einbruch führte ins Erdinnere, breit genug für den Drachenkörper. Durch lange Stollen ging es tiefer und tiefer hinab und der Drache fühlte sich in der köstliche Wärme der Erde zunehmend wohler. Schließlich weitete sich der Stollen zu einer Halle, Erdsäulen trugen ein mächtiges Gewölbe, von glattpolierten Steinen strahlte ein magisches Licht aus, das ein unterirdischer See widerspiegelte, wodurch die Halle in mattem Schein erhellt war. Zwischen den Säulen standen überall lange Tische, an denen hunderte Winzlinge saßen oder um sie herumeilten. Hier wurde gearbeitet, gegessen und getrunken, musiziert und getanzt. In einem etwas abgeschiedenen Winkel sprach einer der Wichte, der sich durch einen spitzen Hut von den anderen abhob, zu einer Gruppe noch ganz junger Winzlinge. Dorthin dirigierte der Eisgnom seinen Schützling. »Hier kannst du zuhören und das Wichtigste lernen, über die Erde, den Wechsel von Tag und Nacht, über die Pflanzen und die Lebewesen und wie sie alle aufeinander wirken. Wenn du dann noch spezielle Fragen hast, steh ich dir gern Rede und Antwort.« Nun saß er da, der Drache, unter den jüngsten Winzlingen, gerade so groß wie er, als er noch in eine Zündholzschachtel gepasst hätte. Ja, damals hätte er so eine Schulklasse gebraucht, nun aber fiel ihm das Zuhören und Merken sehr schwer und immer wieder nickte er auch ein. Dennoch, nach einiger Zeit hatte er doch begriffen, dass jede Veränderung im Naturgefüge vielerlei weitere zur Folge hatte. Er hatte gelernt, dass Pflanzen durch ihre eigenen Samen wiedergeboren wurden, es aber meist der Insekten bedurfte, die diese mitnahmen auf ihrem Flug, sodass dies auch weitab vom ursprünglichen Standort gelang. Dass Insekten Nahrung für Vögel, Fische und allerlei andere Tiere war, die wiederum größeren schmeckten. Aber alle nahmen sich nur, was sie brauchten, um ihren Hunger zu stillen, nur manche legten Vorräte an, um in der kalten Jahreszeit zu überleben. Unter- und oberirdisch war es ein tausendfaches Ineinanderwirken, sodass jede Art weiterlebte doch von keiner zu viele da waren. Selbst die Wetterereignisse passten in dieses Gefüge, ein vom Blitz getroffener Baum bot Unterschlupf für allerlei Getier, der Regen sorgte für üppiges Wachstum, in trockenen Gebieten wiederum gediehen ganz andere Pflanzen und lebten speziell angepasste Tiere, die in feuchten Gebieten nicht überleben würden. Ja, selbst Drachen brauchten ein bestimmtes Umfeld, warm musste es sein, aber auch sumpfige Gegenden liebten einige ihrer Art. Eines Tages erzählte der Lehrer den Wichtelkindern vom Drachenfelsen. Dass dorthin die Echsen verbannt worden waren, denn sie hatten zuvor alles verwüstet. Nun aber konnte der Drache nicht mehr an sich halten und platzte heraus: »Wie ist das denn gelungen, wo sie doch so stark und groß sind, und warum bin ich woanders aufgewachsen, so für mich allein?« Der Wichtellehrer blickte auf, es schien, als sähe er das große Tier, das so gar nicht in seine Schülerschar passte, zum ersten Mal. Später erfuhr der Drache, dass er sehr kurzsichtig war und den Drachen für einen Teil der unterirdischen Erdformationen gehalten hatte. Weil Gelehrte oft recht zerstreut sind, war ihm nie aufgefallen, dass die Schulhöhle jedesmal ein wenig anders aussah. Und weil der Lehrer nie über ihn sprach, hatten auch die Schüler den ungewöhnlichen Kollegen einfach hingenommen, als wäre er das Normalste von der Welt. Nun aber schauten sich alle zu ihm um und erkannten, dass er dem Untier auf der Schautafel sehr ähnlich sah, dann blickten sie ängstlich Richtung Lehrer, alle Hoffnung darauf gerichtet, dass der sie zu beschützen wisse. Dieser aber kramte umständlich in seinen Unterrichtsmaterialien herum, irgendwo hatte er einen Kristall, der so besonders geschliffen war, dass er seinem Blick die Schärfe verlieh, für die seine Augen zu müde geworden waren. Es herrschte Totenstille, die Wichtelkinder hatten sich zusammengerottet und blickten zitternd mal zum einen, dann wieder zum anderen, der Drache wiederum harrte der Antwort auf seine so brennende Frage, dass seine Flammenglut kaum zu bremsen war und der Lehrer war in sein Suchen vertieft. Er kramte so lange, bis er sich gar nicht mehr erinnerte, was und wozu er gesucht hatte. Also hörte er auf und setzte an, seinen Unterricht fortzuführen. Der Drache lauschte geduldig, er hoffte ja, die Antwort auf seine Frage zu erhalten. So erfuhr er, dass Drachen Eier legen, die sie im Sand oder in einem Erdloch vergraben, um sie sich selbst zu überlassen. »Aha«, dachte der Drache, »jetzt verstehe ich, warum ich so alleine aufgewachsen bin.« Dass Drachen Feuchtigkeit über die Poren ihrer Haut aufnehmen und deshalb nie trinken müssen, erfuhr er ebenso wie dass sie sich von Insekten ebenso ernähren wie von Pflanzen, dass sie aber auch sehr lange Zeit ohne Nahrung auskommen können. Allein das Brandschatzen machte sie so gefährlich und von Zeit zu Zeit verspeisten sie größere Lebewesen, und da waren sie nicht zimperlich, ein Wicht war ihnen gerade so recht wie ein Hase oder auch ein Löwe. Erneut begannen die Schüler zu zittern, denn im Gegensatz zu ihrem Lehrer hatten sie den Frager nicht vergessen und nur deshalb stillgehalten, weil der Lehrer sich nicht weiter um das Ungeheuer gekümmert hatte. Fast gleichzeitig fragte daher einer der Schüler, wie es denn um den Drachen in ihrem Klassenraum bestellt sei, während der Drache erneut nachfragte, wie es denn gelungen sei, die Drachen zu verbannen. Das war nun besonders ungeheuerlich, noch nie hatte ein Schüler gewagt, den Redefluss des Lehrers zu unterbrechen und nun passierte es schon zum zweiten Mal und gleich zwei Stimmen drängten sich an seine Ohren! Inzwischen hatte sich einer von ihnen, ein ganz besonders kleiner, bis zum Lehrer vorgewagt und zog an dessen Mantelzipfel, während er in die Richtung des Drachen zeigte. Das war nah genug, dass der Lehrer zumindest den Arm des Jungen erkannte, und endlich hörte er: »Drache!« Der Kleine zog immer noch an seinem Mantel, um ihn näher zum Ungeheuer zu führen, wobei er wirklich all seinen Mut zusammennahm. Aber der drohenden Gefahr heldenhaft zu begegnen schien ihm immer noch klüger, als sich kampflos zu ergeben. Nach einigen Zerrversuchen hatte er den Lehrer, der bereits so verwirrt war, dass er sich beinahe willenlos bewegte, in Blicknähe zum Drachenmonster gezogen. Aber entgegen den Erwartungen der Kinder erhellte sich des Lehrers Gesicht vor Begeisterung – ein Studienobjekt, eine naturgetreue Nachbildung saß da vor ihm! Dass ihm das nicht schon die Jahre zuvor aufgefallen war, dass im Hintergrund des Klassenraumes ein lebensechter Drache saß! Er hatte sich mit seinen Schautafeln bemüht, obwohl er am dreidimensionalen Objekt alles viel besser hätte erklären können! »Ich glaube, ich werde langsam doch zu alt für meine Aufgabe, es wird Zeit, einen Jungen auszubilden, der mir assistiert«, dachte er bei sich. Als er so sinnend dastand, blies ihm der Drache, der nun nicht mehr an sich halten konnte, seinen heißen Atem ins Gesicht und forderte die Antwort auf seine lebensentscheidende Frage ein. Endlich begriff der Lehrer und stammelte: »Du bist ja gar keine Nachbildung, du bist ein lebender Drache!« Erneut schrien alle durcheinander und drängten sich in eine Raumnische. Was eigentlich unsinnig war, denn von dort konnten sie nicht mehr entkommen, aber vernünftig zu denken hatten sie alle schon längst aufgehört. Der Lehrer aber hatte sich bereits vom ersten Schreck erholt, als Forschender war er natürlich überwältigt. Endlich hatte er ein Studienobjekt in seinem Klassenraum, und wie es schien, war dieser Drache sogar bereit und fähig, sich mit ihm zu unterhalten. Deshalb wandte er sich gefasst an seine Schüler: »Außergewöhnliche Entwicklungen fordern außergewöhnliche Entscheidungen. Deshalb erkläre ich den Rest des Tages für unterrichtsfrei, ich werde mich nun eingehend mit dem Drachentier befassen.«

Die klaren und furchtbefreiten Worte des Lehrers beruhigten die jungen Wichte, die Aussicht auf die Befreiung aus der bedrohlichen Situation und einen außerplanmäßigen freien Halbtag beflügelte sie und im Nu waren alle verschwunden. Der etwas schwerfällige Drache, der sich ja ebenfalls zu den Schülern zählte, wollte sich eben auf den Weg machen, als der Lehrer rief: »Halt, du nicht, du bist ja mein Forschungsobjekt!« Verblüfft blickte der Drache über die Schulter zum Lehrer zurück: »Du hast meine Frage noch immer nicht beantwortet und willst mich beforschen? Mir wurde vorgehalten, dass ich mich nicht zu benehmen wüsste, und man hat mich zu dir in den Unterricht geschickt. Und du fragst nicht mal, was ich hier mache und was ich brauche, sondern willst über mich bestimmen? Ich glaube, ich habe genug gelernt.« Der Lehrer starrte dem gekränkten Drachen mit offenem Mund nach, doch als dieser um die nächste Erdsäule herum zu verschwinden drohte, eilte er ihm mit für sein Alter erstaunlicher Behändigkeit nach. »Verzeih, du hast ja vollkommen recht, wir haben wohl ein verzerrtes Bild von euch Riesen. Alles, was ich über euch weiß, habe ich nur aus Erzählungen, wir Kleinen ängstigen uns seit Jahrhunderten vor euch Drachen, deshalb haben nur die allerwenigsten einen von euch gesehen. Und deshalb möchte ich diese einzigartige Gelegenheit nützen, um von dir zu erfahren, was von all dem akademischen Wissen zutrifft. Und noch viel wichtiger, wir könnten alle unsere Vorurteile überdenken, gerne mache ich da den Anfang und kläre meine Schwestern und Brüder auf.« Der Drache, der immer noch gern mehr über seinesgleichen erfahren hätte, gab sich nach diesen einlenkenden Worten wieder zugänglicher. »Nun gut, dann lass uns doch einmal herausfinden, was der eine vom anderen erfahren kann. Wenn du mir endlich erklärst, wie es gelungen ist, meine Verwandten zu verbannen, dann stehe ich – ob gerne, muss ich erst herausfinden – zur Verfügung für deine Forschungen.« – Ach ja, deine

Frage habe ich gar nicht mitbekommen, ich war viel zu beschäftigt, dich überhaupt erst einmal wahrzunehmen«, antwortete der greise Lehrer und sprach nahtlos weiter: »Nun denn, was ich darüber weiß, habe ich auch nur durch die Erzählungen der Gebirgsjäger, unseren tapferen Kollegen auf der Erdoberfläche, erfahren. Sie sind diejenigen, die beauftragt sind, alle uns möglicherweise feindlich gesonnenen Eindringlinge fernzuhalten. Bist du ihnen denn nicht begegnet?«

»Nein, ich hatte einen Eiswicht als Ankünder, der hat den Weg in euer Reich für mich zugänglich gemacht, mancher Stollen wurde eigens für mich verbreitert. Denn ein tiefer Graben durchschneidet die endlose Steppe, an deren Rand die Drachenfelsen sein sollen, wo ich endlich zu meiner Familie zu stoßen hoffe. Der Weg durch eure Unterwelt war der einzig mögliche Umweg. Doch weil mich dein Eiskollege rügte, denn bisher wusste ich nichts von den Zusammenhängen in der Natur, weil ich lernen sollte, mit meinen Kräften achtsam zu sein, verordnete er mir, zuvor in deine Schule zu gehen. Auch ich war bereit, endlich mehr zu erfahren als mein begrenzter Drachenhorizont zuließ, deshalb war ich nun viele Tage lang dein treuer Schüler, obwohl ich zugeben muss, dass ich einige deiner Lehrinhalte aus Anstrengung verschlief.« Der Lehrer war es nicht gewohnt, die Kritik eines Schülers zu hören, die Worte des Drachen brachten ihn erneut zum Grübeln. »So, so, anstrengend, ermüdend, … vielleicht muss ich meinen Unterrichtsstil überdenken. Die Jugend von heute hat wohl andere Bedürfnisse als zu meiner Zeit, vielleicht hast du ja ein paar Anregungen für mich, wie mein Unterricht besser zu verfolgen wäre. Nun aber zu deiner Frage: Vor Urzeiten, als wir Wichte noch nicht geschaffen waren, lebten auf der Erde noch viel mehr Riesentiere. Nicht nur Drachen, auch Vierfüßler und mächtige Raubtiere bevölkerten das Land, um dessen Gräser und erste baumartige Gewächse sich niemand streiten musste, denn es war viel Land für noch wenige

Lebewesen darauf. Doch dann formte sich die lehmige Erde zu Zweifüßlern, die Wichte waren geboren. Wir waren vor allem unter der Erde zu Hause, so wie heute noch, denn nur so konnten wir den Riesenfüßen der großen Tiere entkommen. Lange Zeit wirkte diese unausgesprochene Ordnung gleichermaßen gut für alle Beteiligten, jede Art hatte ihr Lebensumfeld, gewisse Verluste waren Teil der größeren Ordnung, gefährdeten aber nie die Existenz einer Art. Doch dann gerieten die Drachen untereinander in Zwist, du musst wissen, auch sie unterscheiden sich auf vielerlei Art. Es gibt darunter mehrköpfige oder fliegende, eher fleischfressende und einige ausschließlich pflanzenfressende. Eines Tages schloss sich eine Gruppe besonders großer zusammen, die sich zu Führern ernannten. Sie meinten, ihre vermeintliche geistige Vorherrschaft durch den Verzehr von uns Wichten stärken zu können. Also machten sie gezielt Jagd auf unsere Vorfahren, sperrten sie in Steintürme, die sie aufgeschichtet hatten, um sie darin zu züchten und zu mästen. Auf engstem Raum drängten sich die Wichte, doch die Einfalt der machtgierigen Drachen ließ sie übersehen, dass klein sein auch eine überlegene Waffe sein konnte. Weil meine Ahnen viele waren, konnten sie sich einer auf den anderen stellen, manche von ihnen waren ausgezeichnete Kletterer, besonders die Gebirgswichte, die ich bereits erwähnt habe. So gelang es vielen, aus den Türmen zu entfliehen. Auch dabei half ihnen ihre Winzigkeit, denn den Drachen fielen die nächtens Davonlaufenden nicht auf, sie hielten sie wohl für Nagetiere oder große Insekten. Doch auf Dauer wären wir ihnen wohl nicht entronnen, wären sie nicht von ihresgleichen zu Fall gebracht worden. Zwischen Tieren gibt es selbstverständlich immer wieder Kämpfe um die Rudelvorherrschaft, doch diese selbsternannten Herrscherdrachen stellten sich keinem Kampf, sie erklärten sich einfach für stärker und klüger, und verbündeten sich untereinander gegen den Rest ihrer Art. Zudem verdächtigten sie die anderen, ihre

Wichtevorräte zu plündern, denn sie fanden immer wieder nur leere Gefängnistürme vor. Die so Beschuldigten waren empört, weshalb ein heftiger Kampf zwischen den Parteien ausbrach. Zum Leidwesen des Landes, denn mit ihren Feuersalven versengten sie nicht nur einander, sondern auch alles, was auf ihrem Weg wuchs. Aber nicht nur das, die Aschemengen wurden durch die Winde vertragen und legten sich als Lichtsperre vor die Sonne und es wurde kalt auf der Erde. Die Wichte hatten von jeher die Sorge für die Vegetation übernommen, lebten sie doch im selben Reich wie die Pilze, die mit ihren Rhizomen praktisch das ganze Land durchzogen und damit ein riesiger Nachrichtenverteiler der Pflanzenwelt wurden. Es waren düstere Zeiten für alles Leben auf der Erde. Deshalb kamen die Wichte zusammen und beratschlagten, wie die Drachen aufgehalten und, noch viel wichtiger, für die Zukunft daran gehindert werden konnten, die gesamte Erde als leblose Kältewüste zu hinterlassen.

Erneut waren es die Gebirgswichte, die ausgesandt wurden, um eine Lösung zu finden. Sie reisten in alle Windrichtungen und blieben sehr lange Zeit unterwegs. In der Zwischenzeit kämpften die Drachen immer weiter und wurden, als Nebeneffekt, glücklicherweise auch weniger. – Oh, verzeih, es sind ja deine Ahnen, von denen ich hier spreche. Aber ich weiß nicht, ob du sie oder ihre Nachkommen gerne kennengelernt hättest. Falls du überhaupt geboren worden wärest, denn die Welt wäre vielleicht nur mehr ein ödes Land.« Der Drache hatte seine dicke Haut in Falten gelegt, das war dem Lehrer aufgefallen. Keineswegs wollte er seinen aufmerksamen Zuhörer noch einmal kränken, aber die Geschichte von der Bedrohung der Welt nahm ihn mehr mit als er vermutet hatte. Der Drache musste zugeben, dass seine Vorfahren nicht sehr vorbildhaft gehandelt hatten, zumindest nicht mit dem eben gehörten Teil ihrer Entwicklungsgeschichte. Er grübelte, ob er sich vielleicht ähnlich verhalten hätte, wäre er unter seinesgleichen groß geworden. Immerhin hatte auch er rücksichtslos niedergebrannt, was ihm vors Feuermaul geraten war. Seinen Ahnen hatte wohl niemand ins Gewissen geredet oder sie hatten es nicht hören wollen, wozu auch, sie waren die größten und stärksten gewesen. Ein klein wenig bedauerte er, nicht ähnlich machtvoll auftreten zu können, verwarf den Gedanken aber sofort. Er hatte die Schönheit der Erde erkannt, sie als Ödnis vor sich zu sehen war kein Bild, das er lange nähren wollte. Also nahm er die Entschuldigung des so viel kleineren, aber wohl sehr viel klügeren Mannes an und drängte diesen, weiterzuerzählen.

»Die überlebenden Drachen waren schließlich sehr erschöpft, besonders einige der weiblichen waren des Kämpfens müde geworden, auch das Eierlegen klappte nur mehr sehr selten. Mit der Angst um das Ausbleiben von Nachkommenschaft überzeugten sie schließlich die männlichen Exemplare, eine Kampfpause einzulegen. Just zu diesem Zeitpunkt kehrten die Ersten unserer Kundschafter zurück, die von einem weit entfernten Felsmassiv berichteten, in dem unzählige Höhlen geeignete Wohnstätten für die Riesenechsen bieten würden. Bei den Drachen war zwar etwas Ruhe eingekehrt, doch die Überlebenden waren nun erst recht von ihrer Bedeutsamkeit überzeugt, schließlich hatten sie unzählige Kämpfe siegreich überstanden, auch wenn sie arg mitgenommen aussahen und von ihrem einst prachtvoll schimmernden Schuppenkleid nicht mehr viel übrig war. Eines der jüngeren Weibchen allerdings hatte sich die meiste Zeit aus dem Kampfgetümmel herausgehalten und, ähnlich wie du heute, nach Verständnis gestrebt. So war sie mit einigen unserer Mutigsten in Kontakt gekommen und erfuhr auch von den Höhlen in der Felswand. Eine Gegend, in der jeder der nach Vorherrschaft strebenden Exemplare eine eigene Höhle besetzen konnte, in der er dann unangefochten Herrscher sein konnte, schien ihr eine verlockende Aussicht. Tatsächlich gelang es ihr, die ihrigen zur Wanderschaft zu bewegen, ja sogar eine Abordnung unserer Kundschafter als Führer anzuerkennen. So zogen sie tatsächlich ab in die Richtung des Felsenmassivs. Allerdings hatten sie einige Eier bereits gelegt gehabt, aus dem einen oder anderen schlüpfte später ein Drachenbaby. Diese Kinderschule wurde eine Zeitlang von uns betreut, bis sie uns über den Kopf wuchsen. Aber immerhin hatten sie bereits einiges an Anstand und Regeln von unseren Vordenkern und -denkerinnen gelernt. Sie waren also friedfertig, doch als sie von ihren Eltern erfuhren, machten sie sich auf den Weg dorthin. Ob nun deine Eltern sich verlaufen haben und dein Ei unterwegs gelegt hatten, oder ob es anderswo ein Drachenvolk gibt, von dem du abstammst, kann ich nicht sagen.«

Der Drache hatte aufmerksam zugehört und dachte noch eine Weile nach. Dann meinte er: »Aber meine Artgenossen sind doch freiwillig zu den Felsen gezogen, wieso hast du dann von Verbannung gesprochen?« – »Ja, diejenigen, die sich hier beinahe zu Tode bekämpft hatten, zogen freiwillig ab, sie wünschten sich nichts anderes, als in Frieden, aber eher jeder für sich, zu leben. Doch dann kamen die Jungen, die zwar eine bessere Kinderstube mitbrachten, doch ebenso viel jugendliche Kraft. Und die erzählten von unserem Landstrich, von den Tieren und vor allem den Pflanzen, die damals noch viel üppiger gediehen. Es gab Wälder und Blumenwiesen und wo jetzt der tiefe Graben unsere Welten trennt, floss ein breiter Fluss, in dem sich vielerlei Wasserwesen tummelten. Davon berichteten die Jungen den Alten, die in der kargen Felsenlandschaft sich in die Höhlen vereinzelt hatten. Nur einmal im Jahr, zur Paarungszeit, tauchten sie auf aus ihren Einsiedeleien. Entsprechend aufgeladen, wie männliche Wesen nun einmal sind, wenn sie um die beste Partnerin buhlen, keimte in ihnen erneut der Neid und sie stachelten die anderen auf, das frühere Lebensgebiet einzufordern. Nun aber ging es nicht mehr um die Vorherrschaft untereinander. Vielmehr planten sie, über unseren Lebensraum insgesamt Besitz zu ergreifen und besonders uns Wichte, aber auch andere, zu unterwerfen. Alles sollte nur mehr ihren Bedürfnissen entsprechend genutzt werden. Glücklicherweise hatten wir bestimmt, zu diesen alljährlichen Drachentreffen einen Spähtrupp unserer Gebirgsjäger zu entsenden, deshalb waren wir sofort alarmiert und konnten entsprechende Vorkehrungen treffen. Zu den Vertretern des Großwildes und der Mammuts sandten wir Botschafter, denn nun waren alle und das gedeihliche Zusammenleben gefährdet. Eine Armee von großen Tieren, die Mammuts, ausgestattet mit ihren Riesenstoßzähnen, die Nashornartigen und weitere Horn- beziehungsweise Geweihträger bildeten ein entsprechend wehrkräftiges Empfangskomitee. Das erkannten die Drachen glücklicherweise trotz ihrer Einfältigkeit, die Zeit des aufreibenden Kampfes hatten sie noch nicht vergessen, und machten kampflos kehrt. Doch wir wollten Vorkehrungen treffen, damit sie uns nie wieder überfallen konnten. Der Fluss, der unsere Welten weitläufig voneinander trennte, war breit, aber nicht sehr tief. Deshalb bildete er keine natürliche Grenze für die Dickleiber, sie wateten einfach hindurch. Also waren wir erneut gefordert. Alle Wichte, die mit unterirdischen Grabungen zugange waren, wurden zum Flussbett beordert. Von unten wurde dieses nun untergraben, Erdbewegungen kamen uns zudem zu Hilfe. Das Ergebnis hast du gesehen, es hat auch dich aufgehalten. Eine Wiederkehr der Drachen ist seit damals unmöglich. Allerdings hatte diese starke Veränderung der Landschaft auch andere, weniger günstige Folgen. Denn das feuchte Flussufer und damit das Land durchziehende Wasser fehlte, auch das Wetter veränderte sich, weniger Regen fiel, Winde wurden häufiger und stürmischer. Deshalb wurde das Land trocken und versteppte zusehends. In der Folge verendeten viele Tiere, besonders die übergroßen fanden zu wenig Nahrung und starben großteils aus. Wir haben überlebt, der Preis dafür jedoch war hoch. Ich hoffe, du verstehst nun, warum wir uns vor Drachen fürchten. Du bist der Erste, dem wir seit Wichtegedenken leibhaftig begegnen.«

Der Drache war sehr nachdenklich geworden. Was er von den Vertretern seiner Art erfahren hatte, steigerte seine Lust, die Höhlenfelsen zu erreichen und seine Familie kennenzulernen nicht sonderlich. Dennoch blieb ein Rest an Bedürfnis, mit seinesgleichen zusammen zu kommen. Die Wichte waren so ganz anders als er, aber auch die anderen Tiere lebten alle unter sich, jedes hatte sein Rudel oder zumindest einen Gefährten, eine Gefährtin. Sein gefiederter Freund von einst hatte wohl sein Versprechen vergessen, nach ihm zu sehen. Sollte er wirklich einsam, als letzter Vertreter seiner Art, sein Leben zwischen Wichtereich und Steppe verbringen? Er beschloss, zunächst alle Forschungswünsche des Alten zu erfüllen, die Zeit wollte er nützen, über sein weiteres Schicksal nachzusinnen.

Nun wurde seine Haut untersucht, seine Zähne, er wurde vermessen und gewogen, er war bemüht, sich an die Anzahl der Sommer zu erinnern, die er bereits erlebt hatte und vieles mehr. Die Wichte, die aus den unterirdischen Erzen allerlei Gegenstände und Werkzeuge schmiedeten, ersuchten ihn, das Feuer des Schmelzofens anzufachen, aber auch ein vom nun sehr tiefliegenden Fluss gespeister unterirdischer Teich wurde gelegentlich von seiner Feuerkraft erwärmt und diente den Wichten als große Badewanne . Es lebte sich gut, er stieg auch mehrfach am Tag hinauf ins Sonnenlicht, denn das benötigte er, um seine Feuerkraft lebendig zu halten. Dennoch, die innere Sehnsucht schnürte ihm immer wieder sein kleines Herz noch kleiner zusammen. Er verstand es selbst nicht, denn alles, was er über die Drachengemeinschaft wusste, hielt ihn davon ab, ihnen persönlich begegnen zu wollen. Doch das Sehnen konnte er mit diesen Überlegungen nicht besänftigen.

Als er bereits den dritten Sommer bei den Wichten hinter sich gebracht, etliche Hochzeiten und viele Geburten miterlebt hatte, nachdem er sogar einige Male Pate gewesen war für die winzigen Winzlinge, ertrug er es nicht länger. Er bat den Rat der Ältesten, ihm den Weg zum Drachenfelsen zu weisen. Die hatten mehr Verständnis für sein Sehnen als er selbst, mit vielen guten Wünschen und einem großen Fest wurde er verabschiedet. Eine Abordnung der Gebirgswichte stand bereit und wies ihm den Weg unterhalb der Schlucht und von dort wieder den weiten und gewundenen Stollen hinauf in die Steppe, deren gegenüberliegende Grenze der Drachenfelsen bildete.

Abermals war er auf sich gestellt, eine dicke Träne rollte ihm über den Schuppenpanzer. Aber er konnte nicht anders, er musste seine Familie zumindest einmal im Leben gesehen haben. Sein Herz pochte bange, denn er wusste, er war recht anders geraten als seine wilden Verwandten. Vielleicht würden sie ihn gar als Eindringling betrachten, ihr Revier gegen ihn verteidigen? So viele Fragen schwirrten durch seinen Kopf, dass ihm schwindlig wurde. Deshalb entschloss er sich, eine Weile das Denken abzuschalten und nur den Weg vor sich im Kopf zu behalten. »Ich gehe zum Drachenfelsen« war der einzige Gedanke, den er bei sich behielt. Wie kleine Wichte versuchte ein Gedanke nach dem anderen sich heranzupirschen, doch er gebot jedem Einhalt, indem er ihnen sein »Ich gehe zu den Drachenfelsen« entgegendachte. So kam er vorwärts, Schritt für Schritt, und nach vielen Tagen und Nächten sah er es endlich vor sich, das von Löchern in unterschiedlichen Größen durchbrochene Felsmassiv. Nun wollte er ruhen, um bei vollen Kräften zu sein, wenn er den anderen Drachen begegnen würde.

Die Nacht verlief ruhig, er schlief ungestört, er ahnte nicht, dass viele Augenpaare ihn beobachteten. Nicht nur die Wichte, auch die Drachen hatten ihre Wächter, es wagte sich zwar nie jemand zu ihnen vor, doch sicher war sicher. Und wer konnte es schon sagen, vielleicht kam ja nie jemand, eben weil die Wache so gut war. Nun aber lag da etwas und schnarchte, dass sie es bis in ihre Höhlenwinkel hörten. Es war groß und atmete. Auch wenn in den Höhlen jeder für sich blieb, konnten sie sich doch gedanklich verständigen. Alle waren in Alarmbereitschaft, jeder verharrte in Höchstspannung, um entsprechend losschlagen zu können, sobald der Morgen heranbrach und das atmende Wesen ihnen nahe käme.

Die aufgehende Sonne überzog alles mit ihrem goldenen Licht, die Steppe erhielt so ein beinahe liebliches Aussehen, vor allem aber erstrahlte der schlafende Drache als wäre er aus Gold. Das sahen all die aus sicherer Beobachtung spähenden Felsendrachen und augenblicklich neigten sie ihre Häupter (immer noch gab es einige unter ihnen, die gleich mehrere davon auf ihren Schultern trugen). Alle meinten, nun sei der Gott der Drachen zu ihnen herabgestiegen und verneigten sich ehrfurchtsvoll.

Indessen erwachte der, der nun für einen Gott gehalten wurde, ohne irgendetwas von dieser Wandlung mitbekommen zu haben. Aus seiner Sicht war er immer noch der einsame Drache, der zunächst von einem Vogel, dann von einem Eiswicht und schließlich vom Lehrer der Wichte allerlei gelernt hatte und nun endlich seine Verwandten kennenlernen wollte. Recht unsicher blickte er zur Felswand und sah die gebeugten Häupter. Sehr verwundert begann er erneut zu grübeln. Sollten all die Schreckgeschichten, die er von den Wichten gehört hatte, weit entfernt von der Wahrheit gewesen sein? Jedenfalls wirkten die wartenden Riesenleiber mit ihren gesenkten Köpfen keinesfalls feindselig. So fasste er Mut und schritt die letzten Schritte auf dem Weg zu seinen Verwandten. Auf einem Plateau vor der Höhlenwand hatten sie sich versammelt und umringten ihn nun, ehrerbietig mit den Köpfen nickend. Dann trat einer der Mehrköpfigen hervor und sprach: »Edler Gott aller Drachen, wir, deine nichtswürdigen Diener, grüßen dich.« Abwechselnd hatte jeder der Köpfe einen Teil der Rede gehalten, um die für alle Anwesenden gültige Untergebenheit deutlich zu machen. Der auf diese Weise Angesprochene, der ja eigentlich nichts als seine Eltern finden wollte, war verwirrt. Doch gut geschult nach seiner Zeit bei den Wichten ahnte er, dass er für einen gehalten wurde, der er nicht war, dass ihm dies aber einen unschätzbaren Vorteil verschaffte. Deshalb nahm er den Dank mit einem kleinen Kopfnicken huldvoll entgegen und aus irgendeinem Teil seines Gehirns, von dem er bisher nichts geahnt hatte, wanderte eine Antwort aus seinem Mund: »Ich danke euch für den Gruß. Ich bin gekommen, euch meine Gesetze zu bringen, auf dass euer Zusammenleben ein glücklicheres werde und ihr die Welt in Eintracht mit anderen Lebewesen bevölkert.«

Ein Raunen ging durch die versammelte Drachengemeinde, die nun endlich, nach so vielen Jahrtausenden, ein Regelwerk erhalten würde, um den immer noch schwelenden Vormachtstreit ein für alle Mal beizulegen. Der plötzlich zum Gott erhobene Drache musste sich Zeit verschaffen, denn selbstverständlich hatte er keine Ahnung, welches Regelwerk er seiner Verwandtschaft unterbreiten sollte. Deshalb entschloss er sich zunächst, seine Autorität zu untermauern. »Lasst mich zunächst hören, was jeder und jede von euch erlebt und erfahren hat, wie ihr euer Zusammenleben empfindet und was ihr euch davon erhofft, wenn es Regeln gibt.« Er hatte es mit entsprechendem Befehlston gesprochen, auch deshalb kam es niemandem in den Sinn, etwas einzuwenden. Ein Auditorium wurde gebildet und ein Drache nach dem anderen, ältere wie jüngere, männliche wie weibliche, erzählten ihre Geschichte. Der scheinbare Gott-Drache hoffte insgeheim, auf diese Weise etwas über sein eigenes Schicksal zu erfahren.

Bis zum Sonnenuntergang hörte er nun Geschichten, deren Einzelteile er durchaus mit dem in Verbindung bringen konnte, was er von den Wichten erfahren hatte. Immer wieder ging es um Kämpfe und um »die anderen«, die sie beherrschen wollten, es ging aber auch um Einsamkeit und ja, sogar manchmal um etwas Ähnliches wie Freundschaften, denn die jeweils Besiegten standen einander mitunter bei. So lange, bis sie selbst wieder zu Kräften gekommen waren und ihrerseits die Vorherrschaft erbeuten wollten. Als er dieser Kriegsgeschichten überdrüssig geworden war, fragte er ganz naiv: »In all dieser Zeit, in der ihr einander bekriegt habt, was wurde da aus eurer Nachkommenschaft? Hattet ihr je Zeit, eure Schlüpflinge großzuziehen, als Familie zu leben, euch weiterzuentwickeln?«

Entgeistert blickten ihn Augen aus unzähligen Köpfen an. Wonach fragte Gott denn da? »Nachkommen«, »Familie« – was bedeutete das denn? Schließlich durchbrach eine der Drachenfrauen die ratlose Stille: »Nun ja, einmal im Jahr paaren wir uns, wir Weibchen legen dann die Eier in den Sand, was danach passiert, wissen wir nicht. Aber vielleicht kannst du es uns erklären?« – »Ihr habt euch nie gefragt, zu wem die jüngeren Drachen gehörten, wie sie aufwuchsen und wie sie lernten, für sich selbst zu sorgen?« »Nein, warum sollten wir? Als wir noch gegeneinander kämpften, waren wir froh über schwächere Gegner, später, als wir bereits in der Felswand lebten, machten ein paar mehr keinen Unterschied. Und zur Paarung gab es ein wenig mehr Wahlmöglichkeit, das fanden zumindest wir Weiblichen angenehm.« Es entging dem Gott-Drachen nicht, dass die männlichen Exemplare unruhig wurden und eine Welle von Unmut in der Luft sich zu einer grauen Wolke zusammenbraute. Diese Riesenechsen hatten offenbar nichts anderes im Sinn, als von allen die Wichtigsten und Stärksten zu sein. Nun wusste er, welche Regeln sie brauchten. Ohne Anführer würde es nicht gehen, das Bedürfnis, andere beherrschen zu können, schien tief in den Drachenherzen verankert zu sein. Natürlich erwog er auch, eine Anführerin in das Regelwerk aufzunehmen, doch er fürchtete, die kampfwütigen männlichen Exemplare würden dies nicht akzeptieren. Doch versuchen wollte er es jedenfalls. Zuvor wollte er allerdings etwas anderes wissen. »Wer von euch kam denn erst später, als junge Drachen, hierher zum Drachenfelsen?« Eine Gruppe bunter Drachen, ihm viel ähnlicher als die ihn um ein ordentliches Stück überragenden anderen, traten nun hervor. »Habt ihr je gefragt, wer eure Eltern seien, hattet ihr jemals das Bedürfnis, in einer Gemeinschaft mit Vater und Mutter zu leben?« Erneut blickten ihn ratlose Drachenaugen an. Die Begriffe Vater beziehungsweise Mutter schien es nur in der Welt der Wichte zu geben, die Reptilien kannten nur sich selbst. Er dachte an seine erste Lebenszeit, als auch er nur am Feuerspeien interessiert war. Da war ihm niemand abgegangen, er wusste ja nichts davon, dass andere seiner Art existierten. Doch ein Zurück war nicht möglich, wer einmal sein Wissen erweitert hatte, konnte es nicht mehr löschen. Wieder war es das Drachenweibchen, das schon zuvor ein wenig mehr gewusst hatte als ihre Artgenossinnen, das sich zu Wort meldete: »Ich weiß nicht, ob du das meinst, aber als ich klein war gab es ein Drachenweibchen, das sich ein wenig um mich annahm, wir verbrachten gemeinsame Zeit und besuchten einander in den Höhlen. Das gefiel mir, doch als die nächste Paarungszeit anbrach, wollte sie nichts mehr von mir wissen. Sie legte ihr Ei und kehrte zurück in ihre Höhle. Wenn ich sie besuchen wollte, jagte sie mich davon. Eine Weile danach bemerkte ich, dass gelegentlich ein Drachenjunges zu ihr in die Höhle durfte, dem erging es wie mir, nach der erneuten Eiablage durfte es auch nicht mehr zu ihr. Wir beiden Jungen haben uns dann ein wenig zusammengetan.« Dann verstummte sie abrupt, die argwöhnischen Blicke der anderen ließen sie fürchten, sie würde als Außenseiterin abgelehnt und womöglich zum Ziel neuer Angriffe erklärt werden. Denn obwohl sie alle in ihren Höhlen lebten, entzündeten sich dennoch in manchen Nächten erneute Kämpfe. Der vergötterte Drache ahnte, es würde ein hartes Stück Arbeit werden, diese starrsinnigen Tiere dazu zu bewegen, sich an ein Regelwerk zu halten. Er erinnerte sich an die Erzählung des Eiswichtes, der vom Göttersohn berichtet hatte, der immer wieder aufs Neue einen mächtigen Stein den Berg hinaufrollte, nur damit ihm dieser kurz vor Erreichung des Zieles wieder hinunterrollte. Doch er war nun einmal hier und versuchen wollte er es zumindest, andernfalls hätte er schon verloren gehabt, ohne jemals begonnen zu haben. Doch nach den vielen Erzählungen war er erschöpft und verkündete, dass er nun erstmal ruhen wolle, am nächsten Tag würde er den Drachen das versprochene Regelwerk kundtun.

Erleichtert zog sich seine Gefolgschaft zurück, jeder in seine Höhle. Nur einige wenige, vor allem die weiblichen, unterhielten sich noch ein wenig. Ja, er meinte sogar, einige zu zweit in eine Höhle verschwinden zu sehen, doch er konnte sich am nächsten Tag nicht mehr erinnern, ob dies Wirklichkeit oder bereits Teil seiner Träume gewesen war.

Das Sonnenlicht sorgte erneut für seinen Glanz, er behielt also seine Glaubwürdigkeit als göttliche Autorität. Die wollte er nun schleunigst nützen, um danach wieder zu den Wichten zurückzukehren. Denn es schien ihm zu gefährlich, dass zumindest die etwas Klügeren erkennen könnten, dass er gar kein Gott, sondern nur ein Drache auf der Suche nach seinen Eltern war. Schmerzlich wurde ihm auch bewusst, dass, selbst wenn er diese erkennen sollte, kaum auf eine Herzensbindung zu hoffen war. Das war nicht Drachenart, damit musste er sich abfinden. Und einmal als Gott eingeführt, war ohnedies an keine Freundschaft zu denken, sie würden ihn – und das war noch die beste Aussicht – immer als ein übergeordnetes Wesen betrachten, Teil der Gruppe würde er nie werden.

Erneut scharte sich die Drachengemeinschaft erwartungsvoll um ihn herum. »Nun denn«, hob er an und bemühte sich, dabei eine möglichst tragende, bedeutungsvolle Stimmlage zu halten. »Folgende Weisungen für euer Zusammenleben habe ich für euch. Jeweils dreizehn Monde lang soll einer oder eine von euch die Anführerschaft übernehmen, und zwar im Wechsel der Geschlechter. Um es einfach zu halten, soll die Reihenfolge eurer Wohnhöhlen, von Sonnenaufgang bis Sonnenuntergang betrachtet, die Abfolge bestimmen.« Er machte eine Pause, einerseits, um seine Bedeutung hervorzuheben, andererseits, um das Drachenvolk zu beobachten. Begeisterung schlug ihm nicht gerade entgegen, aber wieder waren es die weiblichen Tiere, die Anzeichen erkennen ließen, dass sie seine Weisung für durchaus brauchbar befanden. Er vertraute auf deren Einfluss auf die anderen und ordnete eine Nachdenkpause bis zur zweiten Tageshälfte an, damit diese erste Regel bei allen ankommen konnte. Tatsächlich kehrten sie zur vereinbarten Zeit alle wieder zurück, angeführt von einer Drachenfrau, die in der ersten Höhle in Richtung Sonnenaufgang ihre Wohnstatt hatte. Sein kleines Herz jubelte, denn er hatte bereits beobachtet, dass diese zur alten Garde gehörende Drachin allgemeines Ansehen genoss. Bei kleinen Anzeichen für Zwistigkeiten wusste sie mit mahnendem Blick die möglichen Unruhestifter zu bremsen, sie würde also eine sehr geeignete Anführerin werden und dafür sorgen, dass seine weiteren Regeln eingehalten würden. Zum Zeichen ihrer Würde übergab er ihr eine seiner Schuppen – er hatte vorab bereits achtsam nach einer möglichst golden wirkenden gesucht –, diese sollte in einem jährlichen Übergaberitual an den oder die Nachfolgende weitergereicht werden. Dann folgten eine Reihe weiterer Regeln, etwa solche, die dazu beitragen sollten, dass, wenn zwei Kontrahenten gar nicht vom Streit abgehalten werden konnten, zumindest gewisse Kampfregeln eingehalten und von einem Schiedsgericht überwacht würden. Er bestimmte außerdem einen Vertreter der Jugend, damit diese ebenfalls gehört würde, weiters mahnte er, dass Ideen, die allen zugutekommen könnten, gehört und nach Möglichkeit verwirklicht werden sollten. Zuletzt kündigte er an, dass zumindest nach zweiundfünfzig Vollmonden ein Rat der Ältesten mit Vertretern der Jugend zusammenfinden sollte, um die Entwicklung zu beratschlagen, doch selbstverständlich konnte ein solcher *Großer Rat* je nach Bedarf genauso gut in der Zwischenzeit stattfinden. Er selbst würde gelegentlich unangemeldet wieder erscheinen, um die Befolgung seiner Anweisungen zu überprüfen. Ob und wie Übertretungen geahndet werden sollten, überließ er der Phantasie seiner Artgenossen, was Grausamkeiten betraf waren diese ihm weit überlegen. Er kündigte aber auch an, dass, wenn die neuen Regeln eingehalten würden und sich bewährt hatten, die Drachen eventuell wieder andere Landstriche bevölkern und zu sinnvollen Tätigkeiten eingesetzt werden könnten. Er hoffte, dass sich die Riesenechsen, einmal zur Ruhe gekommen, selbst einiges einfallen ließen, wie sie ihre Zeit zum Wohle der Welt einsetzen wollten.

Als er geendet hatte, bat er noch darum, einige der Wohnhöhlen besichtigen zu dürfen. Besonders jene der Drachenfrau, die, wie er vermutete, ihre Drachenkinder zumindest ein wenig umsorgt hatte, wollte er sehen. Diese hatte sich immer im Hintergrund gehalten und war sehr verlegen ob der Ehre, die ihr der Drachengott angedeihen ließ. Drinnen nahm er die schlechte Luft wahr, aber auch, dass sich hier eine bemüht hatte, die Umgebung, zumindest nach Drachenempfinden, ein wenig wohnlich zu gestalten. Er fragte sie, ob sie gerne hier lebte oder sich eine andere Umgebung vorstellen konnte. Sie war schüchtern, aber mit jedem weiteren Beitrag zur Unterhaltung wurde sie gesprächiger. So hörte er heraus, dass eine gut versteckte Sehnsucht in ihr sie drängte, ihre Eier zu überwachen und die Drachenkinder aufwachsen zu sehen. Gelegentliche Ausflüge in der frischen Luft, um nicht beständig in der dumpfen Höhlenatmosphäre verbleiben zu müssen, waren ihr Herzenswunsch. Er versprach ihr, mit der Anführerin noch ein Gespräch zu führen. Denn wenn die Regeln einmal Gewohnheit geworden waren, könnten Wünsche wie die ihren erfüllbar werden. Das strahlende Leuchten in den Augen der Drachin ließ sein Herz erneut warm werden und er pfauchte ihr ein freundliches Flämmchen entgegen.

Nach der Besichtigung weiterer Höhlen, in denen er noch andere Missstände erfuhr, die er zu verbessern versprach, hielt er eine weitere Nachtruhe, doch bevorzugte er das Plateau in der frischen Luft, von dumpfen Wohnhöhlen hatte er nun genug. Am nächsten Morgen berichtete er von seinen Eindrücken und machte Verbesserungsvorschläge, signalisiert aber, dass die Mitglieder der Gemeinde bestimmt noch viel bessere haben würden, wenn sie nur endlich den Geist frei haben würden, über anderes nachzudenken als über Schutzmaßnahmen gegen Angriffe ihrer Artgenossen. Danach verabschiedete er sich von allen und machte sich auf, im Flimmerlicht des Horizonts zu verschwinden.

Zurück bei den Wichten berichtete er von seinen Erlebnissen, er wurde beglückwünscht und gefeiert, ja selbst sein Vogelfreund war zu seinem Empfang eingetroffen. Der hatte ihn nicht vergessen und unbemerkt seinen Einsatz beim Drachenfelsen beobachtet und vorweg den Wichten sein Heldenlied gesungen. Als nach all den Feierlichkeiten wieder Wichtenormalität eingekehrt war, bemerkte der Drache, dass alle Sehnsucht nach den Verwandten aus seinem Herzen verschwunden war. Dennoch hielt er sein Versprechen und besuchte den Felsen gelegentlich. Befriedigt stellte er fest, dass sich vieles zum Besseren entwickelte. So konnte er nach etlichen Jahren Wichtegesandtschaften entsenden, die die gelehrigsten der Echsen einführten in das Erzschmelzen und andere sinnvolle Einsatzmöglichkeiten ihrer Gluthitze.

So lebten die Urwesen noch eine Weile auf der Erde, doch als andere Tiere und schließlich großgewachsene Zweibeiner diese immer dichter bevölkerten, zogen sie sich nach und nach zurück, bis sie eines Tages verschwunden waren. Nur aus Märchen und Sagen haben wir Kunde von ihnen, darin wurden ihnen sogar Flügel angedichtet. Und wer weiß, vielleicht gibt es doch noch entlegene und unbekannte Höhlen, in denen sie bis heute leben?

Wohin geht die Reise?

Kehren wir nach dieser Zeitreise nun zurück zu Ihrer ganz persönlichen und den dafür zu treffenden Vorbereitungen. Wissen Sie schon, wohin es gehen soll?

Eines meiner Lieblingszitate – es stammt aus *Lewis Caroll*'s *Alice in Wonderland* – lautet:

»Grinsekatze«, fragte Alice. »Würdest du mir bitte sagen, welchen Weg ich einschlagen muss?«

»Das hängt in beträchtlichem Maße davon ab, wohin du gehen willst«, antwortete die Katze.

»Oh, das ist mir ziemlich gleichgültig«, sagte Alice.

»Dann ist es auch einerlei, welchen Weg du einschlägst«, meinte die Katze.

Es kann durchaus sehr unterhaltsam sein, einmal ganz ohne Ziel loszugehen. Den Weg den Füßen zu überlassen, sich jeden Tag aufs Neue überraschen zu lassen. Die Entdeckungen und Erfahrungen sollten Sie allerdings notieren oder z.B. auf Ihr Handy sprechen. Denn Ereignisse, in denen vielleicht große Erkenntniskraft liegt, vergessen wir, wenn sie von einschneidenderen überlagert werden. Vielleicht geschieht auch tagelang nichts Außergewöhnliches, doch im Nachhinein können wir mithilfe der Aufzeichnung nachvollziehen, welche Schritte uns dorthin gebracht haben, wo wir schließlich angekommen sind. Es kann sehr hilfreich sein, zu überblicken, dass manche Prozesse lange unbemerkt ablaufen müssen, um schließlich vielleicht sogar explosionsartig zu gedeihen.

Dazu las ich die *Geschichte der Bambuspflanzer*. Die kleinen Keimlinge werden gepflanzt und dann jahrelang gegossen. Nichts ist zu erkennen, niemand weiß, ob die Keimlinge überhaupt noch lebendig sind. Doch nach etwa vier Jahren brechen sie durch die Erdkruste hindurch und wachsen dann in rasender Geschwindigkeit, bis zu zwanzig Meter hoch. Mitunter sogar einen Meter pro Tag.

Im Zeichenunterricht erfuhr ich die Geschichte des Malers, der die *naive Malerei* erstmals in die Kunstgeschichte einbrachte. Meine Lehrerin betonte mehrfach, dass *Henri Rousseau* erst mit etwa vierzig Jahren zu Malen begonnen hatte. Im 19. Jahrhundert schon fast ein methusalemisches Alter. Dennoch wurde er berühmt. Diese Geschichte hat mich all meine Entwicklungsjahre hindurch begleitet. Ich wusste, es ist nie zu spät, zu beginnen, nie zu spät, Erfolg zu haben. Dass es schließlich das Märchenschreiben werden sollte, davon hatte ich keine Ahnung, als ich mein Diplom als Bühnenbildnerin in Händen hielt, als ich zwei Kinder großzog, als ich mit Begeisterung die Welt der Numerologie erforschte. Noch nicht einmal, als mich 2005 eine Freundin an einem gemütlichen Sommerabend in die Methodik des Märchenschreibens einführte. Auch als ich dieses Werkzeug, auf essentielle Fragen eine Antwort zu finden, gelegentlich nutzte, kam es mir nicht in den Sinn, dass dies mein Mittel zum Erfolg werden würde.

Wenn Sie aber nicht so lange warten wollen, ist es wohl effizienter, Sie setzen sich ein Ziel und entwickeln eine Strategie, es zu erreichen.

Selbstverständlich können Sie das jederzeit tun, die *Zeit zwischen den Zeiten,* diese Ruhephase, die 12 Nächte, die zwischen Sonnen- und Mondjahr *aus der Zeit fallen,* eignen sich dafür allerdings besonders gut. Auch, weil die Grenze zur Anderswelt offen ist, wie uns die Überlieferungen zu den Rauhnächten wissen lassen. Die Inspiration, die Percht und Wilde Jagd in dieser dunkelsten Zeit des Jahres wie Lichtblitze in unser Denken einstrahlen lassen, die wirkt nur in dieser Zeit der Mystik und der Wunder. Lassen Sie sich ein darauf, wie auf ein Spiel. Sie müssen nicht daran glauben, nur offenen Herzens sein, das hilft ungemein.

Wichtig dafür ist, zu erkennen, welchen Modus Sie bevorzugen. Wenn Sie grundsätzlich gern Pläne machen, wird es Ihnen leicht fallen, Ziele und Wege dorthin zu notieren. Friedrich Dürrenmatt meinte dazu: *Je planmäßiger ein Mensch vorgeht, desto wirkungsvoller trifft ihn der Zufall.* Stellen Sie sich deshalb einmal der gegenteiligen Herausforderung, lassen Sie den Zufall gleich Regie führen. Ziehen Sie aus einer Sammlung von Sprüchen den, der Sie das kommende Jahr begleiten soll, schlagen Sie ein Buch auf und lesen Sie, welche Geschichte(n) beispielhaft für den Jahresverlauf wäre(n), welche Hinweise Sie daraus auf Ihr noch unbekanntes Ziel entdecken. Gehen Sie ins Museum und lassen Sie die Kunstwerke auf sich einwirken, bis Sie eines vollkommen fasziniert, Sie magnetisch anzieht, in seinen Bann schlägt. Dann vertiefen Sie sich in das Dargestellte. Was assoziieren Sie damit? Woran erinnert es Sie? Erzählen Sie es jemandem anderen, schreiben Sie es auf, sprechen Sie es aufs Handy.

Tendieren Sie umgekehrt eher dazu, den Tag sich entwickeln zu lassen, Gelegenheiten auf sich zukommen zu lassen, könnten Sie das Experiment wagen, eine Strategie für das Jahr zu entwickeln. Denn *Louis Pasteur* macht aufmerksam: *Der Zufall begünstigt den vorbereiteten Geist.* Eine Möglichkeit für die erwähnte Vorbereitetheit:

Definieren Sie, worauf Sie am Ende des kommenden Jahres zurückblicken, worüber Sie sich freuen, was Sie gerne anderen erzählen wollen. Dann überlegen Sie – und notieren Sie die Ergebnisse – welcher Schritt, welche Aktion die letzte davor sein könnte. Gehen Sie auf diese Weise Schritt für Schritt zurück. Bis Sie im Jetzt, also beim Jahreswechsel, angekommen sind. Und schon haben Sie einen Plan erstellt.

Ebenso wichtig wie die Festlegung des Zieles ist die des Nicht-Zieles. Das wiederum konnte ich in der Ausbildung zum Projektmanagement lernen. Gerade Menschen wie ich, die so viel begeistern kann, laufen Gefahr, sich zu viel gleichzeitig vorzunehmen. Mit dem Erfolg, dass dann nichts so richtig durchschlagend wird. Für derart Veranlagte können die Werkzeuge des Projektmanagement sehr hilfreich sein. Notieren Sie: Was ist das Ziel, was ist (oder sind) die Nichtziele? Welche Meilensteine signalisieren mir unterwegs, dass ich gut unterwegs bin? Wann will ich diese erreicht haben und was kann getrost unberücksichtigt bleiben?

Planen Sie jetzt schon die dazugehörigen Feiern ein, für das Erreichen einer Zwischenstation. Bleiben Sie gleichzeitig flexibel, um für Umwege gewappnet zu sein. Segler wissen: auch durch Kreuzen gelangt man ans Ziel.

Damit Sie gut behütet die Reise beginnen, erfahren Sie nun, welche traditionellen Rituale zur Auswahl stehen, für Schutz und Vorausschau.

**Jenseits von
richtig und falsch gibt es einen Garten
und da treffen wir uns**

DSCHALALUDIN RUMI, MATHNAWI

Orakel und Schutz – Traditionen zum Neujahrsbeginn

Am Dreikönigstag, auch *Gömacht* oder *Gebnacht* genannt, wurde ein letztes Mal in die Zukunft geschaut. Zum Beispiel suchten die Mägde von den an diesem Tag traditionell gebackenen *Küchel* (flache Krapfen, in deren Mulde auch Marmelade gefüllt werden kann), den ersten zu ergattern. Diejenige, der es gelang, lief dreimal ums Haus, und warf ihn hinter sich. Dann konnte sie den für sie bestimmten Ehemann sehen. Vielleicht hatte sich ein Verehrer ja schon bereitgestellt, um gesehen zu werden?

Die letzte Nacht der Rauhnächte, vom 5. auf den 6. Jänner, war ganz der Percht gewidmet. Ihr wurden Speisen bereitgestellt, mancherorts mussten es jedenfalls drei sein. Und weiße, denn diese Farbe liebt die Percht, die in nördlichen Gegenden als Holla umherzieht. Deshalb gab es für sie Speck, Nudeln, Eier, Milch. In der Nähe von Lienz (Osttirol) wirft man ihr Käse in den Bach, im 13. und 14. Jahrhundert sogar urkundlich erwähnt. In Oberösterreich wurden alte Semmeln mit heißer Milch übergossen, von dieser *Berchtlmilch,* auch *Samperlmilli* genannt, mussten alle essen, auch die Tiere bekamen davon ihren Teil. In die Schüssel mit dem Rest steckte jeder seinen Löffel, das Gericht blieb auf dem Tisch oder wurde vor die Türe gestellt, damit sich die *Wilde Jagd* dran laben konnte. Von der Lage der Löffel, wie sie am Morgen dann gefunden wurden, schloss jeder auf sein oder ihr Schicksal im beginnenden Jahr. Rezepte für traditionelle Speisen finden Sie in meinem Raunachts-*Kochlesebuch*, seit damals stelle ich ebenfalls immer einen Teller mit *Bachlkoch* in den Garten, das ist ein Milchbrei, verfeinert mit etwas Honigwasser. Ob ich andernfalls weniger geerntet hätte, kann ich zwar nicht überprüfen, zufrieden war ich allemal.

Auch allerlei Schutzbräuche wurden geübt, nicht nur das Räuchern, das praktisch überall stattfand. In *Enneberg* in den Südtiroler Dolomiten etwa wurde das Ei einer schwarzen Henne über das Hausdach geworfen. Wo es aufschlug, wurde es vergraben, angeblich schützte es vor Blitzschlag. Ob es geholfen hat, ist nicht überliefert.

Die ersten Tage des Jahres war zudem noch mal extra Nichts tun angesagt, denn der 1., 2., 4. und 6. Jänner zählen zu den sogenannten *Schwendtagen*. An einem dieser Tage geschnittene Haare wuchsen angeblich nicht mehr nach, aber auch für Eheschließungen oder Prozessbeginn verhießen diese, insgesamt einundzwanzig über's Jahr verteilten Tage – den Heiligen oder bestimmten Ereignissen, wie eben Neujahr, zugeordnet – nichts Gutes. Daten in Form von Zahlen wurden erst spät allgemein genutzt, um sich zu verabreden einigte man sich etwa auf »Anna« oder »Josef«.

Das Bedürfnis, uns gegen Unbill zu schützen, sowie der Wunsch, eine Ahnung zu gewinnen von dem, was uns erwartet, ist offenbar zutiefst menschlich. Dass in der Neujahrsnacht keine Wäsche hängen bleiben soll, ist beinahe Allgemeinwissen. Dass diese Empfehlung daher rührt, vermeiden zu wollen, dass die Percht und ihr Gefolge durch die Wäsche fährt, beziehungsweise sich Seelen Verstorbener darin verfangen und dann im Haus geistern, wissen schon weniger. Zu Neujahr freuen wir uns über Glücksbringer und gießen Blei. Wir essen Biskuitfische, aber unbedingt beim Schwanz beginnend, andersrum hätte es überlieferterweise Unglück zur Folge. Mancherorts werden Linsen aufgetischt, denn Form und Farbe erinnern an Goldstücke, deshalb soll die Speise Reichtum bringen. In Italien trägt man angeblich rote Unterwäsche, die allerdings am ersten Tag des neuen Jahres sofort weggeworfen werden muss. Als ich vor vielen Jahren mit einem Freund Silvester in Barcelona feierte, wunderten wir uns über ein Glas mit Trauben, das jedem Gast der Bodega überreicht wurde. Heute weiß ich, dass es zwölf gewesen sein müssen, weniger oder auch mehr hätten Unglück bedeutet.

Manche halten es ebenfalls für Aberglauben, meine Klientinnen und Klienten allerdings schätzen mein alljährliches Neujahrsangebot sehr. Diverse kabbalistisch-numerologische Methoden lassen eine Prognose über zu erwartende Energieeinflüsse zu. Name und Geburtsdatum werden herangezogen, aber auch Adressen oder Firmennamen können zusätzlich einkalkuliert werden. Das heißt, es ist zum Beispiel möglich, günstige oder weniger günstige Zeitperioden herauszufiltern für bestimmte Vorhaben. Etwa wenn eine Übersiedlung geplant ist oder ein Vertragsabschluss, eine Unternehmensgründung oder der Pensionsbeginn ansteht. Die Rückmeldungen bestätigen mir seit vielen Jahren, dass es zutrifft, auch zu meinem eigenen Erstaunen. Vermutlich hat es mit dem weiter unten beschriebenen Feld zu tun. Die Vorausschau hilft, es entsprechend aufzubereiten, damit eintreffen kann, was man erhofft. Durch ergänzende energetische Arbeit wird die Optimierung zusätzlich gefördert. Denn in unserem Langzeitgedächtnis gespeicherte Glaubenssätze (=Meinung, Erwartungshaltung) blockieren den Fluss, der das uns zustehende Glück herbeileitet.

Der Drache im Märchen zeigt, was alles möglich ist, wenn wir an uns selbst glauben, unserer Größe vertrauen. Zunächst ist er überrascht, für einen Gott gehalten zu werden, letztendlich aber nimmt er diese Rolle so selbstverständlich an, dass er weitblickende Strategien entwickeln und als Regelwerk seinen Sippenmitgliedern vermitteln kann. Der Publizist *Valentin Polcuch* sagte: *Um Erfolg zu haben, muss man aussehen, als habe man Erfolg.* Ich denke es weiter: Wenn ich mich erfolgreich fühle, bin ich erfolgreich. Was Sie persönlich als erfolgreich empfinden, definieren Sie für sich, die Bandbreite ist riesig. Ein höchst eingängiger Werbeslogan vermittelt: *Was wären die großen Erfolge ohne die kleinen?*

Über die Grundausrichtung der kommenden Jahrzehnte aus numerologischer Sicht kann ich Ihnen Folgendes verraten:

Das 20. Jahrhundert hat uns in die Energie der Individualität katapultiert. Das Jahr 2000 brachte die Energie des Neubeginns mit sich, aber auch der Langfristigkeit. Diese wirkt nun bis zum Ende des aktuellen Jahrhunderts, ja sogar Jahrtausends. Demgemäß gilt es, sich neu zu formatieren. Es gelingt die individuelle Lebensplanung, die es Ihnen erlaubt, gemäß Ihren Talenten sich beruflich zu verwirklichen. Und trotz dieser Diversität – im Übrigen ein Schlagwort dieses Jahrhunderts – ein gedeihliches Miteinander zu entwickeln. Und zusätzlich die Nebenwirkungen des Fortschrittswahns der Vergangenheit (der ja noch nicht überwunden ist) auszuheilen.

Wenn auf der Erde die Liebe herrschte, wären alle Gesetze entbehrlich.

Aristoteles

Neustart ins Glück

Ob Sie nun den Bleiguss enträtseln, Ihre Rolle und damit Ihre Erfolgsaussichten neu definieren oder Ihre Neujahrsperspektive von mir entschlüsselt haben wollen: Blicken Sie, bevor Sie neu beginnen, auf das Panorama des Überblicks über das abgelaufene Jahr. Sehen Sie einen klaren Weg vor sich, sind Sie von A nach B gegangen? Oder sind da viele angefangene und wieder abgebrochene Pfade, etliche Wegkreuzungen, an denen Sie sich nicht entscheiden konnten? Irren Sie immer noch herum oder haben Sie irgendwann doch eine klare Entscheidung getroffen und aus dem Labyrinth herausgefunden?

Wie auch immer Ihre Jahreswanderung verlaufen ist – nützen Sie die Gelegenheit, daraus eine Richtung zu erkennen, die Sie im sich ankündigenden Jahr weiter verfolgen wollen. Der Gehirnforscher Gerald Hüther mahnt diesbezüglich: *Treffen Sie keine Entscheidung, die aus einer Kosten-Nutzen-Kalkulation entstanden ist. Vielmehr geht es um die Antwort auf die Frage: Was für ein Mensch will ich sein?* Als Grundregel zum Glücklichsein formuliert er diesen Satz, gefolgt von der Frage: *Wozu will ich dieses Leben nutzen?* Analog dazu, passend zum Jahreswechsel, können Sie nun die Antwort formulieren, wozu Sie das kommende Jahr nutzen wollen. Wiederum: Es geht nicht um pekuniäre oder Hierarchie-Vorteile, sondern darum, dass Sie am Ende des kommenden Jahres sagen können: »Diese zwölf Monate haben Sinn gemacht.« Was nicht bedeutet, dass Sie dabei nicht reich werden dürfen oder in eine Spitzenposition gelangen können. Nur sollte das nicht das Ziel sein, lediglich ein angenehmer Nebeneffekt. Der Dichter Paul Claudel drückte es so aus: *»Das beste Mittel, das Glück zu verpassen, besteht darin, es zu suchen. Es ist nicht das Ziel des Lebens, sondern ein Nebenprodukt.«*

Glücklich – alle wollen es sein, wenige sind es wirklich. Oder, wie Albert Schweitzer es formulierte, sie wissen nicht, dass sie es sind

(s. S. 43). Geld und Glück, beide eignen sich nicht für Wünsche ans Universum. Es ist zu undefiniert. Viel besser gelingt es, einen konkreten Zustand und damit verbundenes Empfinden zu imaginieren, um es anzuziehen. Manche Menschen scheinen sich allerdings nur glücklich zu fühlen, wenn sie ihr Unglück bedauern können. Einige Jahre meines Lebens fühlte ich mich nicht nur in Wien, der Hauptstadt Österreichs und meine Geburtsstadt, zu Hause, sondern auch in Messina, dem Tor nach Sizilien. Dieses Heimatgefühl wurde bestärkt durch die mir auffallende Eigenschaft der Messineser, sich beständig zu beklagen. Über Lebensumstände, politische Entscheidungen, über Mitmenschen und was ihnen sonst noch einfiel. Es schien mir, sie wären unzufrieden, hätten sie dazu keinen Anlass gehabt. Auch den Wienern und Wienerinnen wird diese Grundhaltung nachgesagt. Wie aber können wir uns jemals glücklich fühlen, wenn wir beständig beklagen, was alles nicht funktioniert, wer uns etwas angetan hat, was wir besser machen würden (aber dennoch nicht tun), was die anderen machen sollten, ... ? Eine Kollegin in Sachen Energiearbeit, *Barbara Ungerböck*, formuliert es in einer Aussendung so: *»Das Feld fragt nicht nach. Es liefert exakt, was du in den Raum stellst. Das ist eines der Gesetze des Universums. Und das Universum verhandelt nicht! Es liefert! Irrtum ausgeschlossen! Darum macht es auch keinen Sinn, zu jammern oder anderen die Schuld zuzuweisen. Denn ›Alles was dich umgibt kommt von Dir.‹«* Der berühmte russische Romancier *Fjodor Michailowitsch Dostojewski* formulierte es knapper: *»Jeder ist an allem Schuld. Wenn jeder das wüsste, hätten wir das Paradies auf Erden.«*

Erinnern Sie sich an die Frage nach Gerüchen und anderen Sinneseindrücken aus dem vergangenen Jahr? Vielleicht konnten Sie sich nicht erinnern – dann nehmen Sie doch als einen Vorsatz – wenn es denn einer sein muss – sich im kommenden Jahr besonders darauf zu konzentrieren, Genuss bereitende Empfindungen bewusst wahrzunehmen, sie in Ihrem Gedächtnis zu verankern.

Was erwarten Sie sich von Ihrer Jahresreise? Was machen Sie, wenn Sie angekommen sind? Was ist dann anders?

Ein Cartoon, den ich in Facebook sah, zeigt zwei Schalter, einen mit dem Übertitel »Medikamente und Operationen«, an dem eine lange Schlange Wartender geduldig ansteht. Der andere wäre frei zugänglich, doch keiner der Kranken stellt sich an bei »Lebensgewohnheiten ändern«.

Welche Gewohnheit sind Sie bereit, in diesem Jahr zu ändern? Welche bestimmt Ihr Leben nachhaltig? Was brauchen Sie dafür, das Anders-Machen durchzuhalten? Erfahrungsgemäß klappt so etwas am besten, wenn Sie sich hineinfühlen in das Leben, das sie nach dem Gelingen erwartet. Wenn Sie riechen, schmecken, hören, sehen, tasten was sie dann umgibt, welche Freunde es mit ihnen feiern, worauf Sie zufrieden und glücklich (zurück)schauen, in welcher Gegend Sie sich aufhalten, ... Je detailreicher und verlockender Sie sich den erreichbaren Zustand ausmalen, desto stärker wird Ihr Verlangen, es zu erreichen. Dafür nehmen Sie dann viel eher auch die mühsamen, herausfordernden Schritte auf sich, um an dieses Ziel zu gelangen. Denken Sie an den Drachen, den selbst das Sisyphos-Bild nicht abschreckt. Den Nachsatz im Märchen leitete ich ab vom Zitat *Katja Eiblmayr*s, einer Österreicherin, die in Los Angeles ihr Kosmetiklabel gründete und 2014 zusätzlich ein Label für Bio-Superfoods. *»Wer wagt, kann verlieren. Wer nicht wagt, hat schon verloren.«* Und der amerikanische Ingenieur und Erfinder *Charles F. Kettering* meinte: *»Niemand hätte je den Ozean überquert, hätte er bei Sturm das Schiff verlassen können.«*

Lebensglück finden wir in so vielen verschiedenen Dingen. Einfach darüber nachzudenken, wie wir unseren Nachbarinnen, der Verkäuferin im Supermarkt, all den Menschen im Alltag begegnen wollen, bringt uns bereits ein Stück weiter. Dieses aufmerksam Sein für die anderen, das kleine Bisschen Mehr an Interesse, anderen wirklich zuhören und nicht im Geiste bereits woanders sein – das alles führt uns kleine, aber entscheidende Schritte weiter. Sie bringen ihren Mitmenschen das Quäntchen Freude, das in deren Tag vielleicht gefehlt hat und: Auch Sie wachsen daran!

Ein wichtiger Vorsatz, um auf den Neustart als gelungen zurückblicken zu können, könnte sein: *Ich achte immer auf die Augenhöhe, mit der ich anderen gegenübertrete. Nicht nur darauf, dass ich diese wahre, sondern auch darauf, dass andere mir gleichwertig begegnen.* Denn wer duldet, dass andere auf ihn/sie herabschauen, hat es ungleich schwerer, aus dem Jammertal aufzusteigen. Vielleicht hilft Ihnen dabei mein Märchen. Denken Sie an den Drachen und was ihm alles gelingt, nachdem er das Eisgebirge erklommen hat. Aber auch, dass er letztendlich nur an sein Ziel gelangt, in dem er sich unter der Schlucht durchwindet.

Ein Leben ohne Feste gleicht einer weiten Reise ohne Einkehr.

DEMOKRIT

Schreiben Sie Ihr eigenes Märchen!

Mein letzter Tipp: schreiben Sie Ihr eigenes Märchen – etwa mit der Fragestellung: Was erwartet mich im neuen Jahr? Oder: Was kann/soll ich im Neuen Jahr ganz anders machen als bisher?

Eine Hilfe, sich selbst dabei neu zu entdecken, könnte diese Frage sein: *Was würde das Kind, das du warst, über den Menschen denken, der du jetzt bist?* Wie wäre es mit diesem Blickwinkel für die Jahresreflexion? Was im vergangenen Jahr hätte dieses Kind gefreut? Hätte es irgendwann den Kopf geschüttelt? Hat es Anregungen für das kommende?

Das Rezept für das Märchenschreiben ist einfach, und es gelingt immer: Planen Sie etwa zwei Stunden ein, in denen Sie ungestört schreiben können. Formulieren Sie Ihre Frage, schreiben Sie diese auf. Wählen Sie fünf Worte, zumindest zwei davon sollen Märchenvokabel sein, wie etwa Zwerg, Wunderfee, zaubern etc. Legen Sie dieses Blatt auf die Seite, beginnen Sie auf einem neuen. Und zwar mit »Es war einmal ...«, dann schreiben Sie einfach weiter, ohne nachzudenken, möglichst ohne zu unterbrechen, jedenfalls ohne zu korrigieren (das können Sie dann gerne hinterher tun). Ihr Unterbewusstsein diktiert. Essenziell dabei: Es muss gut enden.

Die Geschichte, die Sie dann lesen, egal wie kurz oder lang sie ist, bietet Ihnen Einblick in Ihr innerstes Wesen. Was es bewegt, vor allem aber auch, womit Sie Lösungen erreichen. Es gelingt gut, auch wenn Sie es alleine analysieren, noch besser mit einer oder einem Coach. Eventuell mit Ihrem Partner oder Ihrer Partnerin, der wertschätzende Umgang miteinander ist Voraussetzung, ebenso die Bereitschaft, einander unvoreingenommen zuzuhören. In Seminaren lasse ich drei Worte aus dem Text wählen, ganz spontan, solche, die ins Auge springen. Diese drei Worte dienen Ihnen, Ihr Problem oder Ihr Vorhaben Ihrem Gegenüber zu schildern. Das daraus entstehende Gespräch, wenn es vom oben erwähnten Respekt begleitet ist, bietet überraschenden Aufschluss. Über Sie selbst, über Möglichkeiten, die sich auftun können, eventuell sogar für ein Miteinander. Nützen Sie Ihre Chance, aus dieser Übung kann ein Jahresplan entstehen! In jedem Fall ein schönes Märchen. Auch ich habe so begonnen, nach vierzehn Jahren erreicht Sie nun mein bereits fünftes Buch.

Die Antwort auf die Frage meines Verlegers, *Elmar Weixlbaumer,* warum Märchen, lautet: Weil wir dringend Geschichten brauchen, die glücklich enden, rund um uns passiert viel zu viel, was uns am »alles wird gut« zweifeln ließe. Die Märchen verheißen eine andere Wirklichkeit. In den Rauhnächten sind die Grenzen zur Anderswelt durchlässig. Es gelingt, diese Welt der Möglichkeiten zu entdecken, sich in ein Universum einzufühlen, in dem das Gute siegt, in dem achtsames Handeln belohnt wird, in dem Wunder selbstverständlich sind und Zauberwesen zu Hilfe eilen. Das ist an Bedingungen geknüpft, die Anderswelt kennt auch Widersacher, doch die Märchen verheißen uns, dass sie letztendlich scheitern müssen und das Gute Oberhand behält.

Gib jedem Tag die Chance, der schönste deines Lebens zu werden.

Mark Twain

Danksagung

In einem Buch mit einem Märchen über *das kleine Danke* darf das große nicht fehlen. Zu der langen Liste all derer, die mir jedes Mal impulsgebend, Verständnis schenkend, erstlesend oder Zeit lassend zur Seite stehen und in früheren Danksagungen erwähnt sind, gesellen sich für dieses Buch:

Die Kennerin der Methode des Märchenschreibens, die mir zusätzliche Informationen aus Sonja von Eisensteins Methodenkoffer verraten hat, Waltraud Röck-Svoboda. Cornelia Presich, die Waldfee und Kräuterflüsterin, die mir die Räuchertipps konkretisieren half. Und zwei weitere Rauhnachtsbeflissene: Nina Stögmüller, mit der ich Bücher tauschte und deren Rauhnachtstagebuch feine Denkanstöße lieferte sowie Yvonne Rutka, die aus meinen Büchern Anregungen gewann und diese mit ihrem Kursangebot zu einem praxisorientierten und vor allem übersichtlichen Tagesbegleiter für die Zeiten zwischen den Zeiten verwob, der mir wiederum hilfreiche Übersichtlichkeit bot.

Und was wäre ein Buch ohne den Verlag, deren Zauberfee, Verena Minoggio-Weixlbaumer, dem Ganzen die Struktur verleiht und wichtige Verständnisfragen stellt für eingängige Lesbarkeit, vor allem aber mit Engelsgeduld mich bis zur druckfähigen Endversion bei Laune hält.

Last but not least Adrian Minoggio, der dem Druckwerk zur entsprechenden Präsentation, moderiert von Elmar Weixlbaumer, in der Öffentlichkeit verhilft, sowie Maria Schlager-Krüger, die diese Anstrengungen mit entsprechender Pressearbeit unterstützt.

Quellen

Ad Pflanzengehör: https://www.erhoehtesbewusstsein.de/ Artikel: Wissenschaftler entdecken, dass Pflanzen auf Geräusche reagieren und „hören“ können

https://www.nationalgeographic.fr/environnement/les-fleurs-peuvent-entendre-les-abeilles-leur-nectar-nen-est-que-plus-sucre?fbclid=IwAR1LOGVFRCnY6-_tyoIXd6jeOXzSaIhFOv5xp_aW-1CAQtottdXZzLt9hFjI

ad Erinnerung: http://www.hoeren.at/wenn-erinnerungen-nachhallen/

https://gedankenwelt.de/selektives-gedaechtnis-wieso-erinnern-wir-manche-dinge-und-manche-nicht/

TS-Holding GmbH: Trägheitsmechanismen; E-book

Campbell, Joseph: Der Heros in tausend Gestalten; Insel Verlag

Farkasch, Isabella: Raunächte. Über Wünsche, Mythen und Bräuche. Märchen für Erwachsene; Goldegg Verlag

Frischmuth, Barbara: Verschüttete Milch; Aufbau Verlag

Raunächte II - Das Koch-Lesebuch: Alte Küchenweisheiten und wärmende Geschichten für winterliche Zwischenzeiten

Graber; Renate, Interview mit Alfred Komarek in Anders gefragt: Die Stille ist ein heiliges Luder in: Der Standard, 15.8.2015, https://www.derstandard.at/story/2000020671483/alfred-komarek-die-stille-ist-ein-heiliges-luder

Graff; Eberhard Gottlieb, Massmann; Hans Ferdinand: Althochdeutscher Sprachschatz, oder, Wörterbuch der althochdeutschen Sprache ... etymologisch und grammatisch bearbeitet, 1834, e-book

Grün, Anselm (2019): Führen heißt: Andere aufrichten. In: DIE ZEIT, 1/2019; www.zeit.de/2019/01/anselm-gruen-moench-manager-trainer-fuehrung-macht
Gugitz, Gustav: Das Jahr und seine Feste im Volksbrauch Österreichs; Verlag Brüder Hollinek
Haider, Friedrich; Tiroler Brauch im Jahreslauf; Tyrolia
Hoffmann, E.T.A.: Erzählungen, das Fräulein von Scudéry. Aus dem Zyclus Die Serapionsbrüder; Deutsche Buchgemeinschaft Berlin
Hörmann, Ludwig von: Tiroler Volksleben; Verlag von Adolf Bonz & Comp.1909
Huygen, Will: Das geheime Buch der Heinzelmännchen. Neues vom Zwergenvolk und ihre Botschaft an die Menschen; Stalling Verlag
Kaindlstorfer, Friedrich; Räuchern. Die Heilkraft der heimischen Kräuter und Harze; Kneipp Verlag Wien
Kloihofer, Claudia: Signale des Körpers; Goldegg Verlag
Rutka, Yvonne: Die Rauhnächte. Eine bewusste Reise in ihr Inneres. E-book www.seelennavigator.at
Stögmüller, Nina: Mein Raunächtetagebuch; Anton-Pustet-Verlag
Shah, Saira: Die Tochter des Geschichtenerzählers; Goldmann Verlag
Thich Nhat Hanh, Das Wunder der Achtsamkeit; Theseus Verlag
Timm, Erika: Frau Holle, Frau Percht und verwandte Gestalten; S.Hirzel Verlag
Wittmann, Marc: Wie das Smartphone uns die Zeit klaut; Interview geführt von Constanze Kainz in Die Zeit, 22.1.19; https://www.zeit.de/campus/2019-01/zeitempfinden-zeitforschung-langeweile-smartphone-psychologie